Manuela Gogolin

Barcelona

Ein Geschichtenmosaik

www.geschichtenmosaik.de

Manuela Gogolin, 1984 in Hagen geboren, zog nach Abschluss ihres Innenarchitektur-Studiums von Darmstadt nach Berlin. Dort arbeitete sie für verschiedene Architekturbüros, bis sie 2014 beschloss, das Abenteuer Barcelona zu wagen.

Hier widmete sie sich ganz neuen Aufgaben, denn ihr großes Interesse an der schönen Stadt am Mittelmeer brachte sie zum Beruf der Stadtführerin. Die Lust daran, tiefer in die Geschichte und Architektur Barcelonas, vor allem aber auch in seine Anekdoten und Legenden einzutauchen, führte zu einem immer breiteren Wissensschatz. Diesen weiterzugeben bereitet ihr riesige Freude.

Der Wunsch, die schönsten Geschichten aufzuschreiben, führte zu ihrem ersten Buch: „Barcelona – Ein Geschichtenmosaik" war geboren.

Manuela Gogolin

Barcelona

Ein Geschichtenmosaik

www.geschichtenmosaik.de

Bibliografische Information der Deutschen Nationalbibliothek:
Die Deutsche Nationalbibliothek verzeichnet diese Publikation in der Deutschen Nationalbibliografie; detaillierte bibliografische Daten sind im Internet über http://dnb.dnb.de abrufbar.

© 2019 Manuela Gogolin
Buchblock: Christian Gogolin
http://www.geschichtenmosaik.de

Herstellung und Verlag:
BoD – Books on Demand, Norderstedt

ISBN: 978-3-7481-9155-1

Inhaltsverzeichnis

Vorwort

„Barcelonas Steine können ja reden!“ Dieser Eindruck ging mir nicht mehr aus dem Kopf, als ich 2016 angefangen habe, Führungen in dieser unglaublichen Stadt zu geben. Und zwar nicht nur einige wenige Steine, nein, man hat das Gefühl, jede Skulptur, jede Laterne und jede Fliese möchten ihre ganz eigene Geschichte erzählen. Hat man dann eine davon gehört, wird man neugierig auf die nächste...

Viele dieser Erzählungen und Bräuche sind in Barcelona sehr lebendig. Die Menschen geben sie weiter und feiern sie mit einer Intensität, die ich aus meinen bisherigen Wohnorten nicht kannte. Es sind gerade diese Details, die für mich eine Stadtführung lebendig machen. Denn die wenigsten Besucher kommen ja, um Barcelonas Geschichte auswendig zu lernen. Aber alle nehmen sich kleine Einzelheiten mit, die sie besonders überrascht oder erfreut haben.

Einige davon vorzustellen ist meine Motivation für dieses Buch. Es möchte kein Reiseführer sein, sondern eher ein literarischer Reisebegleiter: Für Neugierige, die mit offenen Augen durch das Gotische Viertel spazieren und sich fragen, was der Metall-Drache oder das Mädchen mit dem Kreuz in der Hand gerne erzählen würden. Für Interessierte an Folklore, die erfahren möchten, wie sich die, sagen wir mal, besonderen Weihnachtsbräuche in Katalonien entwickelt haben... Und für Wiederkehrende, die schon viel über die Stadt wissen und die „Große Verzauberin“, wie manche Barcelona nennen, immer aufs Neue besuchen kommen, die aber – wie ich – nie genug bekommen und vom Großen ins Kleine entdecken möchten. Ich möchte das Wissen, das ich mir für meine Arbeit als Stadtführerin angeeignet habe, weitergeben und – im Unterschied zur bereits existierenden Literatur – ein Buch auf Deutsch schreiben, um auch deutschsprachigen Besuchern einen Zugang zu dieser faszinierenden Welt zu ermöglichen.

Warum ich das Buch „Geschichtenmosaik“ genannt habe? Weil ich finde, dass sich die erzählenden Steine nach und nach zu einem großen Bild voller Facetten zusammensetzen, zu einem immer tieferen und bunteren Einblick in die Stadt. Und weil Mosaik etwas ist, was euch in Barcelona immer wieder begegnen wird – spätestens seit der Architekt Antoni Gaudí seine kühnsten Visionen realisiert und mit sogenanntem Trencadís, zerbrochener und neu zusammengesetzter Keramik, dem Stadtbild noch mehr Fröhlichkeit gegeben hat.

Ergänzend zum Buch ist eine Webseite entstanden. Unter www.geschichtenmosaik.de habt ihr die Möglichkeit, in noch viel mehr Fotos zu stöbern. Außerdem findet ihr dort zu jedem der Kapitel hilfreiche Karten und Links, die euch direkt zu den beschriebenen Orten führen.

Eines noch, bevor ich beginne – ich möchte mir die Freiheit nehmen, euch Leserinnen und Leser mit dem *Du* anzusprechen. Für uns Deutsche mag das zu Anfang etwas befremdlich erscheinen, aber in Barcelona duzen sich alle – selbst auf dem Amt oder in der Bank! Hier ist eher das Siezen ungewöhnlich. Ich habe mich schnell daran gewöhnt und finde, gerade dieses *Du* ermöglicht es, näher dran zu sein. Darum möchte ich es euch auch anbieten.

Also dann: „Benvingut al mosaic de les històries!“
„Willkommen im Geschichtenmosaik!“

1 El Barri Gòtic – „Machen wir ein Gotisches Viertel"

Um das erste Viertel, das ich euch im Geschichtenmosaik gern vorstellen möchte, kommt ihr bei einem Besuch in Barcelona kaum herum – und das ist auch gut so! Zwei Dinge erstaunen im Herzen der Stadt nämlich ganz besonders: Dass ihr hier ganz tief in 2000 Jahre Geschichte eintauchen könnt, von der römischen Gründung übers Mittelalter bis zur heutigen Zeit – und dass der Stadtteil den Namen Barrí Gòtic, Gotisches Viertel, erst seit etwas mehr als 100 Jahren trägt! Ihr werdet sehen, dass dieser Ort prall gefüllt ist mit Steinen, die Geschichten erzählen...

Da Barcelona auf den Lagen vergangener Jahrhunderte aufgebaut wurde, muss ich immer an einen Schichtkuchen denken: Schicht für Schicht wuchs die Stadt nach oben und je tiefer man heute gräbt, desto interessanter werden die Funde. Im Gotischen Viertel könnt ihr so auf den Spuren der Gründerväter, der Römer, wandeln. Diese legten im Jahr 14 vor Christus hier eine Kolonie an und bauten später eine massive Stadtmauer, die – wie auch andere römische Überreste, von denen ich euch noch erzählen werde – auf eure Entdeckung wartet.

Auf die Römer folgten ab dem fünften Jahrhundert die Westgoten, auf diese ab dem achten Jahrhundert die Mauren. Von beiden Gruppen gibt es jedoch wenig sichtbare Spuren. Erst nach der Wiedereroberung Kataloniens durch die Franken im 9. Jahrhundert begann das Gotische Viertel, sein mittelalterliches Aussehen zu erhalten. Vom 12. bis ins 15. Jahrhundert ging es dem Land wirtschaftlich sehr gut und man hatte viel Geld für prachtvolle gotische Bauten. Paläste, die sogenannten Drassanes (die königlichen Schiffswerften) und elegante Zunfthäuser entstanden. In diesen Jahrhunderten baute man auch zwei erweiternde Stadtmauern, von denen ihr jedoch nur noch an ganz wenigen Stellen Überreste sehen könnt. Den Grund dafür erfahrt ihr in einer späteren Geschichte.

Die Menschen, die im Mittelalter diesen geschichtsträchtigen Teil der Stadt bewohnten, sprachen nicht von einem *Gotischen Viertel*. Das wäre ihnen wahrscheinlich ähnlich komisch vorgekommen, als wenn wir heute sagen würden, wir leben in einem *Dekonstruktivistischen Bezirk* oder in einem *Postmodernen Quartier*. Die Bezeichnung des Stadtteils nach dem Namen des vorherrschenden Architekturstils kam sehr viel später – erst zu Beginn des 20. Jahrhunderts!

Denn nachdem Barcelona im Jahr 1888 eine Weltausstellung ausgerichtet hatte (die zwar finanziell eine Pleite gewesen war, jedoch das Stadtbild sichtlich verschönert hatte) wünschte sich die Stadtverwaltung, ein zweites Mal zum Schauplatz werden zu dürfen. Die Entscheidung fiel zu Gunsten Barcelonas aus und so fand auch die Weltausstellung 1929 dort statt. Als Vorbereitung begannen überall in der Stadt fieberhafte Bauarbeiten. Auf dem Hausberg Montjuïc errichtete man das Messegelände und das sogenannte Poble Espanyol, das Spanische Dorf. In diesem Freilichtmuseum könnt ihr auch heute noch Nachbauten typischer spanischer Häuser aus verschiedenen Regionen ansehen. Ein weiteres Highlight sollte in der Innenstadt erschaffen werden. Im alten Stadtkern standen ja viele gut erhaltene Bauwerke aus dem Mittelalter. Da diese von einer sehr erfolgreichen Epoche in Katalonien zeugten, wollte man sie stolz den internationalen Besuchern präsentieren. Ein werbewirksamer Name musste her: Das *Gotische Viertel* war geboren.

Doch mit dem neuen Namen nicht genug – die Dichte gotischer Gebäude im Stadtkern wurde erhöht! „Machen wir das Viertel noch gotischer“, müssen die Planer sich gedacht haben. Wie das?

Zum Beispiel, indem sie aus dem Vorrat von eingelagerten Häusern schöpften, denn einen solchen gab es in Barcelona tatsächlich! In verschiedenen Lagerhäusern bewahrte man Gebäude auf, die bei Baumaßnahmen im Weg gestanden hatten. Das konnte bei der Schaffung eines Platzes oder auch einer neuen Straße quer durch die Altstadt der Fall gewesen sein.

Den schönsten Bauwerken drohte keine Abrissbirne, sondern man baute sie Stein für Stein ab, nummerierte alle Teile sorgfältig und brachte sie in ein Zwischenlager. Diese Häuser nenne ich gern Tetris-Häuser, denn sie wurden wie im Spiel von einem Ort zum anderen verschoben. Auf diese Weise wanderte zum Beispiel das Haus Casa Padellas von der Baustelle der breiten Straße Via Laietana, von der ich später noch etwas schreibe, 50 Meter nach Westen auf die Plaça del Rei. Dort, wo auch der ehemalige Königspalast steht, fanden Anfang des 20. Jahrhunderts Arbeiten statt, während derer man im Boden gut erhaltene römische Überreste fand. Also entschloss man sich, die Casa Padellas als Eingangsgebäude für das neu gegründete Museum für Stadtgeschichte hier wiederaufzubauen. Auf diese Weise zog noch eine ganze Reihe gotischer Häuser im Laufe der Jahre in das Gotische Viertel um.

Doch es blieb nicht nur beim Versetzen von Steinen, man ergänzte auch neue Elemente im gotischen Stil, um das attraktive Viertel noch gotischer aussehen zu lassen. Für diese in der Architektensprache als neo-gotisch bezeichneten Ergänzungen findet ihr bei einem Spaziergang einige Beispiele:

Auf der kleinen Plaça de Sant Felip Neri, von der ich später noch berichten werde, ergänzte man zum Beispiel einen kleinen Brunnen.

Eine beinahe zu perfekte kleine Brücke – von manchen als zauberhaft, von anderen als schauderhaft kitschig empfunden – schmückt seit 1926 die Carrer del Bisbe neben der Kathedrale. Sie wirkt gotischer als jedes gotische Bauwerk – und verrät sich genau dadurch. Ihr seht bestimmt, dass ihre Steine viel heller sind als das Original-Mauerwerk um sie herum. Dessen ungeachtet ist sie eines der meistverkauften Postkartenmotive. . .

Am deutlichsten seht ihr die Mischung aus Original und Fälschung an der Catedral de Santa Eulalia, deren Namensgeberin schon bald im Geschichtenmosaik auftauchen wird.

Diese wichtigste Kirche der Stadt war eigentlich von 1298 bis 1448 errichtet worden, aber wegen Geldmangels mussten die Erbauer ausgerechnet an der Hauptfassade sparen. So stand sie bis ins 20. Jahrhundert sehr spartanisch da. Wenn ihr mögt, findet ihr davon einige alte Fotos im Internet!

Für die zweite Weltausstellung entschloss man sich darum, der Kathedrale gleich eine komplett neue Eingangsfassade vorzusetzen. Stellt euch einmal vor den Haupteingang und zwar so, dass ihr auch die Wand in der Carrer de Santa Llúcia sehen könnt. Dann erkennt ihr deutlich den Kontrast zwischen dem alten, dunklen Mauerwerk – und dem viel filigraneren, helleren – neuen!

Nicht alles, was gotisch aussieht, ist also tatsächlich aus dem 12. bis 15. Jahrhundert. Ihr seht, Steine erzählen manchmal nicht nur Geschichten, sondern oft auch die Wahrheit...

Für die Weltausstellung legte man dann auch noch Teile der römischen Mauer frei. Vor Baulärm und -staub konnten sich die Barcelonesen damals also kaum retten. Und so mancher ausländischer Besucher, der zu Beginn des 20. Jahrhunderts in die Stadt kam, muss verwirrt gewesen sein. Man erzählt sich die Geschichte eines Reisenden, der auf der Suche nach dem Gotischen Viertel in einem Laden nachfragte. Die Reaktion des Verkäufers, der nicht recht wusste, was der Mann suchte, soll gewesen sein, dass er ihn zu „diesem neuen Viertel, was sie um die Kathedrale herum bauen“, schickte...

Aber die große Bautätigkeit diente ja einem guten Zweck – die Popularität der Stadt zu erhöhen. Es hat funktioniert, denn das Gotische Viertel zieht mittlerweile die meisten Besucher Barcelonas magnetisch an. Also wundert euch nicht, wenn es in vielen dieser Straßen in der Hauptsaison nur ein sehr langsames Durchkommen gibt. Lauft dann einfach gemütlicher – und haltet einmal Ausschau nach sprechenden Steinen...

2 Die Barca Nona und andere Namen der Stadt

Die Stadt Barcelona hatte im Laufe ihrer Geschichte viele verschiedene Namen. Unter den Iberern, ab etwa 600 vor Christus, soll das Wort *Barkeno* verwendet worden sein. Die Römer nannte die Kolonie, die sie im Jahr 14 vor Christus gründeten, *Colonia Julia Augusta Faventia Paterna Barcino.* Die Westgoten bevorzugten es kürzer und sagten *Barcinona.* Die Mauren wandelten den Namen im achten Jahrhundert in das wie Musik klingende *Barshiluna* um. In der jüdischen Kabbala war der Name *Bar-Shi-Luna* bekannt, was so etwas wie *Sohn des Himmels und des Mondes* bedeutet. Hübsch, nicht? Und nach der fränkischen Machtergreifung nutzte man dann das Wort *Barcelona.*

Ähnlich klingen ja alle Wörter, aber was haben sie für einen Ursprung? Hier streiten sich die Gelehrten und zusätzlich existieren mindestens so viele Legenden, wie es Namen gibt. Ich möchte euch die in meinen Augen schönsten davon erzählen:

Ab dem 15. Jahrhundert begannen etwas romantisch veranlagte Historiker, die folgende Erklärung für den Namen Barcelona zu verbreiten: Herkules, der berühmte Halbgott aus der griechischen Mythologie, gründete die Stadt lange vor den Römern! Schon im Jahr 1153 vor Christus soll das geschehen sein. Grund hierfür waren zwölf Aufgaben, die Herkules bewältigen musste, um vom Halbgott in den Rang eines richtigen Gottes aufzusteigen. Für die vierte dieser Aufgaben soll er zusammen mit Jason und den Argonauten im Mittelmeer unterwegs gewesen sein. Man wollte sich gemeinsam auf die Suche nach dem goldenen Vlies machen. Mit neun Schiffen zog man los, doch eines der Boote, das neunte, erlitt Schiffbruch an einer bis dahin unbekannten Küste. Natürlich war es an Herkules zu schauen, ob von der Besatzung jemand überlebt hatte und die Seemänner zu retten. Tatsächlich fand er sie – ungefähr dort, wo der Berg Montjuïc und das Meer zusammen treffen. Herkules bot den Männern an, sie auf seinem Schiff mitzunehmen. Doch die Crew hatte keinerlei Interesse gerettet zu werden. Es gefiel ihr gut hier am Meer, mit einem schützenden Hügel im Rücken, grünem Land und warmer Sonne. Also sollen diese Männer eine Siedlung gegründet haben – der Ursprung der heutigen Stadt! Und weil das *Neunte Schiff* auf Lateinisch *Barca Nona* heißt, soll sich aus diesem Begriff nach und nach das Wort *Barcelona* entwickelt haben. Viele lieben diese Legende und es gibt sogar eine Herkules-Straße ganz in der Nähe der Plaça de Sant Jaume: Carrer d'Hèrcules.

Auch diese Variante erzählt man sich gern: Der karthagische General Hamilkar Barkas, Hannibals Vater, gründete die Stadt etwa 230 vor Christus, um sein Reich zu vergrößern. Dafür eroberte er Stück für Stück auch das heutige Spanien. Sich selbst zu Ehren benannte er die Stadt *Barkenon*, woraus sich im Laufe der Jahrhunderte Barcelona entwickelte. Wahr an dieser Version ist, dass es sowohl Hamilkar als auch Hannibal gegeben hat und dass die Karthager in der Tat begannen, Spanien zu erobern. Sie waren auf dem Weg Richtung Rom und das bevorzugt auf dem Landweg, denn das Römische Reich besaß eine gefürchtete Flotte im Mittelmeer. Durch die Gegend des heutigen Barcelona sind sie also möglicherweise gezogen. Doch eine Siedlung namens Barkenon gründeten weder Hamilkar noch Hannibal.

Manche Historiker glauben, dass die Iberer eine Siedlung mit Namen *Barkeno* an der Stelle der heutigen Stadt gegründet hätten. Dies wird jedoch von vielen anderen, die glauben die Iberer hätten auf dem Berg Montjuïc gelebt, angezweifelt. Die meisten Forscher vermuten, dass das Wort *Colonia*, also *Kolonie*, im römischen Namen impliziert, dass es vor den Römern an Ort und Stelle keine Siedlung gegeben hat. Die Gründung durch die Römer wird also fast immer als Ursprung Barcelonas angegeben. Immerhin soll der Name sich wohl aus vor-römischen Zeiten (vermutlich von den Iberern) ableiten. Das iberische Wort *Barkeno* solle *geflutetes Feld* bedeutet haben. Nicht ganz so romantisch wie die *Barca Nona* – aber dafür wahrscheinlicher.

Das am besten sichtbare Zeugnis der Namensvielfalt in Barcelona findet ihr übrigens auf der Plaça Nova bei der Kathedrale. Hier stehen vor der ehemaligen römischen Stadtmauer große Messingbuchstaben des Künstlers Joan Brossa aus dem Jahr 1994. Im Vorbeilaufen stellt das Hirn oft gern auf autocomplete, vervollständigt also ein Wort, das mit *Barc...* beginnt. Es glaubt, man laufe am Schriftzug *Barcelona* vorbei. Doch ihr erkennt es nun sicher gleich: Barcino!

Steine, die Geschichten hierzu erzählen, findet ihr...

- Auf der Plaça Nova: *Plaça Nova, 08002 Barcelona* (AA)
- In der Carrer d'Hèrcules: *Carrer d'Hèrcules, 08002 Barcelona* (AB)

3 Barcino – Auf Spurensuche der Römer

Dass Barcelona im Jahr 14 vor Christus mit dem etwas sperrigen Namen *Colonia Julia Augusta Faventia Paterna Barcino* von den Römern gegründet wurde, wisst ihr ja nun. Doch wo könnt ihr deren Spuren in der Stadt entdecken?

Die offensichtlichste Hinterlassenschaft der Römer ist die von ihnen errichtete steinerne Stadtmauer. Diese wurde etwa 300 nach Christus anstelle eines Holzwalls erbaut. In Zeiten der Bedrohung durch verschiedene Stämme aus dem Norden war Barcino schutzbedürftiger geworden. Also baute man eine neun Meter hohe, massive Mauer und stattete sie mit 78 Wachtürmen aus! Ihr seht Teile der Mauer und der Türme sehr deutlich in der Nähe der Kathedrale, besonders auf der Plaça Nova und an der Via Laietana. Die großen Quader im unteren Bereich sind tatsächlich über 1700 Jahre alt! Das kleinere Mauerwerk obenauf stammt aus späteren Jahrhunderten. Auf der Plaça Nova findet ihr auch das schon erwähnte Messingkunstwerk „Barcino“. Aber ihr könnt auch auf etwas weniger große Reste des Walls stoßen, zum Beispiel in der Carrer de la Palla oder an der kleinen Plaça dels Traginers. An vielen Stellen blieb die Mauer stehen, da man sie, als die Stadt sich vergrößerte, gern als Sockel oder Seitenwand für neue Bauten nutzte. Denn was die Römer errichtet hatten, das hatte Qualität!

Auf der Plaça Nova steht hinter den Buchstaben aus Messing eine Konstruktion aus zwei-einhalb Steinbögen mit einer Rinne obenauf: ein Aquädukt! Dieses ist jedoch nicht das Original. Es wurde nachgebaut um anzudeuten, aus welcher Richtung Barcino sein Frischwasser erhielt. Möchtet ihr Spuren des echten Aquäduktes finden? Dann geht quer über den Platz in die Carrer dels Capellans. Nach einer links-rechts-Kurve erreicht ihr die kleine, wenig besuchte Plaça del Vuit de Març. Schaut euch hier das Gebäude an der rechten Platzseite genauer an: Seht ihr die Bögen aus Stein, die in die Außenmauer des Hauses eingebaut sind? Das ist das Original-Aquädukt aus der Römerzeit!

Ein weiteres recht gut gehütetes Geheimnis der Römer könnt ihr auf der Plaça de la Vila de Madrid besuchen. Dort wollte man in den 1950er Jahren eine Tiefgarage bauen. Doch bei den Grabungen stieß man auf wichtige Zeugnisse aus der Vergangenheit. So stoppte man die Arbeiten und plante um. Schaut einmal über die Glasbrüstungen in die Tiefe – dort seht ihr große, behauene Steine liegen. Ahnt ihr, was das sein könnte? Es sind Sarkophage, alte Särge der Römer. Wie auf einer Perlenschnur aufgereiht, stehen diese an den Resten einer sogenannten Via Sepulcral. Übersetzt bedeutet das so viel wie Begräbnis-Straße. Denn in der Römerzeit gab es keine Friedhöfe, wie wir sie heute kennen. Man reihte die Gräber entlang eines Weges, der zur Stadt führte, auf. So konnte man sich im Vorbeilaufen an die Toten erinnern. Das lateinische Wort für erinnern, *recordare*, bedeutet übrigens *zurück (re) ins Herz (cor) bringen*. Schön, nicht?

Die wichtigsten und reichsten Persönlichkeiten lagen ganz in der Nähe der Stadtmauern. Je weiter man sich von der Stadt entfernte, desto ärmer und unbedeutender wurden die Toten. Niemand jedoch wurde *in* der Stadt begraben – die Römer hatten hohe hygienische Standards. Ein Konzept, von dem man im Mittelalter übrigens wieder abrückte. Da begrub man seine Toten so nah es ging an den Kirchen, denn man glaubte, der Weg in den Himmel würde so verkürzt. . .

Eine kleine Geschichte zu den Sarkophagen, die mir gut gefällt: Seht ihr in manchen der Steindeckel Löcher? Die Römer nannten sie Kommunikationskanäle. Sie sahen den Tod nämlich nicht als das Ende aller Dinge an, sondern als den Beginn einer Reise in ein besseres Leben. Doch die Toten blieben den Lebenden immer nah. So wurde an römischen Feiertagen gern die Via Sepulcral besucht. Man setzte sich zwischen Rosmarin und Rosensträucher zu den Gräbern seiner Lieben. Man feierte ein Picknick. Und man ließ die Verstorbenen teilhaben – indem man ihnen durch die Kommunikationskanäle Wein, Speisen und Geschenke zukommen ließ!

Das Getränk Wermut war mit Sicherheit darunter – verstärkter und gewürzter Wein, der bei den Römern als Allheilmittel galt (Hatte man Magenschmerzen? Wermut! Plagten Zahnschmerzen? Ein Gläschen Wermut in Ehren... Kopfschmerzen von zu viel Wermut? Wermut!). Auch heute noch trinkt man ihn gern, am liebsten als Aperitif, mit einer Olive oder einer Orangenscheibe darin. Möglicherweise bedachte man die Toten auch mit Garum. Das war eine ganz besondere Sauce, bei der ich persönlich nicht so traurig bin, dass sie heute nicht mehr gegessen wird: Sie bestand aus Austern und fermentiertem Fisch.

Nach dem Essen kam auch bei den Römern natürlich die Verdauung. Dafür bauten sie ein exzellentes Kanalisationssystem. Sie hatten also nicht nur fließendes Frischwasser, sondern auch perfekt verlegte Abwasserleitungen. Alle Einwohner Barcinos mussten eine Steuer für den Erhalt dieses Kanalsystems entrichten, die sich Tributum Cloacarium nannte. Als der Römer großer Stolz wurde die Kanalisation auch Besuchern immer wieder gern präsentiert. Etwa bis ins 6. Jahrhundert erhielt man das gut funktionierende System – doch beim Eintritt ins Mittelalter ersetzte man es durch Sickergruben und Brunnen. Ein Jammer für die Einwohner, war doch bei den daraus resultierenden schlechten hygienischen Bedingungen Krankheiten Tür und Tor geöffnet! Da half dann auch kein Wermut mehr...

Auch auf dem zentralen Platz der Altstadt, der Plaça de Sant Jaume, finden sich Überreste der Römerzeit. Diese sind allerdings erst bei genauem Hinsehen zu entdecken. Schaut euch das Gebäude des Palau de la Generalitat (dem heutigen katalanischen Landtag) einmal an. Seht ihr die vier Säulen am Haupteingang? Diese und einige mehr wurden im Jahr 120 in Troja hergestellt. Der von dort stammende Granit wurde zur damaligen Zeit als der Beste angesehen. Die Römer brachten die Säulen nach Tarragona südlich von Barcelona und errichteten damit einen Tempel. Nach dem Zusammenbruch des Römischen Reichs wanderten einige der Säulen in den Bau einer Kirche, zwei noch später in die Kathedrale

Tarragonas. Ende des 16. Jahrhunderts ließ der Architekt Pere Blai sich vier der Säulen (von deren Existenz er wusste, da er Tarragona gut kannte) nach Barcelona bringen. Er ergänzte mit ihnen die neue Renaissance-Fassade am ehemals gotischen Palau de la Generalitat. Eine weite Reise haben diese Granitsäulen hinter sich!

Um andere, noch ältere Säulen zu sehen, müsst ihr die schmale Paradies-Straße, die Carrer del Paradís, finden! Leider führt diese nicht geradewegs ins himmlische Reich, aber zu sehr spannenden Zeugnissen der Vergangenheit. Denn dort, wo die Gasse einen kleinen Bogen macht, seht ihr einen Mühlstein im Boden. Dieser ist eine Art römisches Gipfelkreuz: Ihr steht hier auf dem Mont Taber, dem Hügel, wo alles begann! „Imposante“ 16,9 Meter ist er hoch. Auf dieser höchsten Erhebung des Städtchens Barcino errichteten die Römer ihren Tempel. Da Barcino zu Zeiten des Kaisers Augustus gegründet wurde und zumindest dieser selbst sich für ein gottähnliches Wesen hielt, widmete man ihm den Sakralbau. Seht ihr die Worte *Temple d'August* auf einem kleinen Schild am mittelalterlichen Gebäude geschrieben? Geht einmal hinein!

In diesem Haus, das aus dem 13. und 14. Jahrhundert stammen soll, stehen die Überreste des einst imposanten Tempels: vier über 2.000 Jahre alte, beeindruckende Säulen mit wunderschönen Kapitellen. Diese sind alles, was vom römischen Gotteshaus übrig blieb. Vermutlich blieben sie nur deshalb erhalten, weil man drei davon im Mittelalter in dieses Gebäude integrierte. So gut erhaltene Säulen erfüllten ja noch immer ihre statische Funktion. Um die Säulen herum baute man Zwischendecken ein und die Bewohner lebten über Jahrhunderte mit den steinernen Zeitzeugen zusammen. Das oberste Geschoss besaß den Vorteil, die hübschen Kapitelle dekorativ im Wohnzimmer stehen zu haben. Seht euch einmal die Informationstafeln an der Rückwand des Raumes an: Hier findet ihr eine Zeichnung und sogar ein Foto aus der Zeit, als die Säulen noch komplett eingebaut waren. Erst Ende des 19. Jahrhunderts, als man begann von Denkmalschutz zu sprechen, wurden die Säulen frei gestellt. Der Architekt

Domènech i Montaner (der euch noch mehrfach begegnen wird) ergriff damals Partei für eine angemessene Präsentation der römischen Reste. Eine vierte Säule, die man bei Arbeiten auf der Plaça del Rei fand, wurde später ergänzt.

Apropos Plaça del Rei: Wenn ihr gar nicht genug kriegen könnt von den Römern, dann stattet unbedingt dem Museu d'Historia de Barcelona (MUHBA) einen Besuch ab! Es befindet sich in einem der Tetris-Häuser, der schon erwähnten Casa Padellas. Fahrt ihr hier mit dem Aufzug fast acht Meter nach unten, dann landet ihr in der Römerzeit! Ihr könnt auf Glasbrücken über eine Färberei, die Thermen, eine erste kleine Kirche und auch eine Weinfabrik laufen. Taucht danach aus der Unterwelt wieder auf und ihr habt die Gelegenheit, den ehemaligen königlichen Saal sowie die Kapelle anzuschauen. Der Audioguide und die erklärenden Zeichnungen sind fantastisch – in meinen Augen eines der besten Museen der Stadt!

Steine, die Geschichten hierzu erzählen, findet ihr...

- Auf der Plaça Nova: *Plaça Nova, 08002 Barcelona* (AA)
- Auf der Plaça del Vuit de Març: *Plaça del Vuit de Març, 08002 Barcelona* (AC)
- In der Carrer de la Palla: *Carrer de la Palla, 08002 Barcelona* (AD)
- Auf der Plaça dels Traginers: *Plaça dels Traginers, 08002 Barcelona* (AE)
- An der Fassade des Palau de la Generalitat: *Plaça de Sant Jaume, 4, 08002 Barcelona* (AF)
- Im Temple d'August: *Carrer del Paradís 10, 08002 Barcelona* (AG)
- Im Museum MUHBA: *Plaça del Rei s/n, 08002 Barcelona* (AH)

4 Santa Eulalia – Die aus der Mode gekommene Heilige

Der jungen Eulalia werdet ihr vor allem in der Altstadt Barcelonas immer wieder begegnen, denn sie wurde von den Einwohnern über Jahrhunderte hinweg als Schutzheilige geliebt und verehrt. Doch im 19. Jahrhundert wurde sie vom Thron gestoßen – warum, dazu komme ich später.

Erkennen könnt ihr ein Bildnis von Eulalia daran, dass sie (fast immer) einen Palmenzweig in der einen und ein Kreuz in Form eines X in der anderen Hand hält. Das Symbol des Palmenzweigs zeigt euch, dass Eulalia eine Märtyrerin gewesen ist (jeder Märtyrer in Barcelona wird so kenntlich gemacht) und das Kreuz steht für die Art und Weise, auf die sie sterben musste. Ihr seht, es erwartet euch eine eher traurige Legende, aber zum Glück haben bei weitem nicht alle Erzählungen des Geschichtenmosaiks ein bitteres Ende.

Nur dreizehn Jahre alt soll Eulalia geworden sein. Sie wurde im Jahr 290 in Sarrià, einem Dorf in der Nähe der damals noch Barcino genannten Stadt, geboren, lebte mit ihren Eltern in eher bescheidenen Verhältnissen und hütete die heimischen Gänse.

Aber Eulalia war ein besonderes Mädchen, denn ihr soll die Gabe in die Wiege gelegt worden sein, besonders eloquent und überzeugend zu sprechen. Schon ihr Name, so sagt man, deutet hierauf hin. Er setzt sich aus dem Griechischen *eu* für *gut* und *lalein* für *sprechen* zusammen: *Die, die gut spricht.* Selbstbewusst soll sie aufgetreten sein und ihre Meinung mit Bestimmtheit vorgetragen haben.

Außerdem war sie überzeugte Christin – und das ausgerechnet in der Zeit, in der Diokletian Herrscher von Rom war. Dieser Kaiser ging als der Christenschlächter in die Geschichte ein. Ihr ahnt, dass dies keine guten Voraussetzungen für ein etwas vorlautes und selbstbestimmtes Mädchen waren. Eulalias Eltern fürchteten das ebenso und sollen ihre Tochter zuhause eingeschlossen haben, vor lauter Sorge, sie könne hinausgehen und allen von ihren Überzeugungen berichten. Aber man erzählt sich, dass das Mädchen entkam und den langen Weg nach Barcino lief, um mit dem dortigen Präfekten zu sprechen und Religionsfreiheit einzufordern! Und zwar nicht nur für sich selbst, nein, gleich für alle Christen im Reich.

Der Herrscher bot ihr zu Beginn an, sie zu verschonen, falls sie sich der römischen Religion zuwenden würde. Doch Eulalia blieb stur und beharrte auf ihrem Glauben an Jesus Christus. Da bekamen es Barcinos Oberste mit der Angst zu tun, dass dieses junge Mädchen hinausgehen und aller Welt von ihren Forderungen erzählen könnte und dass dies, überzeugend wie sie eben sprach, zu einer Revolte im Reich führen könne.

So beschloss man, sich der Gefahr durch das Mädchen zu entledigen – indem man die Arme foltern ließ. Kreativ waren die Menschen ja leider schon immer beim Erfinden grässlicher Foltermethoden und auch im Fall von Eulalia sollte es nicht anders sein. Aufgrund ihrer dreizehn Lebensjahre ersann man dreizehn Methoden, mit denen man sie zur Abkehr von ihrem Glauben zwingen wollte, eine davon grausiger als die andere (ich habe über alle gelesen, aber ich möchte nicht ins Detail gehen. Wenn es euch wirklich interessiert, schlagt es bitte selbst nach).

Aber das erste Wunder dieser Geschichte geschah – Eulalia überlebte nicht nur sämtliche Torturen, nein, sie stand sie mit einem Lächeln auf den Lippen durch, denn ihr Glaube war stärker als ihre Qualen. Um die von ihr ausgehende Gefahr ein für alle Mal zu bannen, verurteilten die Römer sie daraufhin zum Tod am Kreuz auf der Plaça del Pedró (im heutigen Stadtviertel Raval) – an eben jenem x-förmigen Kreuz, das Eulalia auf all ihren Bildnissen in der Hand hält.

Um sie noch mehr zu demütigen, nagelte man sie nackt ans Kreuz. Doch das zweite Wunder geschah, denn es soll angefangen haben zu schneien (und in Barcelona ist das in der Tat eine große Seltenheit). Der Schnee bedeckte Eulalias

Blöße und ihre Wunden und linderte ihre Schmerzen.

Als das Mädchen am 12. Februar 304 starb, sollen ihre letzten Worte ein Gebet gewesen sein und als drittes Wunder flog plötzlich eine weiße Taube aus ihrem Mund zum Himmel. Da wussten Barcelonas Christen, dass Eulalia jemand ganz Besonderes gewesen sein musste. Man nahm ihre sterblichen Überreste vom Kreuz und bewahrte sie in einem Versteck auf, bis im Jahr 313, unter Kaiser Konstantin, das Christentum legalisiert wurde.

Für Eulalia kam die Religionsfreiheit leider neun Jahre zu spät. Doch ihre Anhänger bewahrten nicht nur ihr Andenken, sie sorgten auch dafür, dass direkt nach der Legalisierung der christlichen Religion eine erste kleine Kapelle zu Ehren der jungen Märtyrerin errichtet wurde. Diese stand in etwa an der Stelle der heutigen Kirche Santa Maria del Mar, um die es in einer anderen Geschichte gehen wird.

Im Jahr 633 sprach man Eulalia heilig und erklärte sie zur Schutzpatronin der Stadt. Als man 1298 mit dem Bau von Barcelonas Kathedrale begann, entschied man, dass sie Catedral de la Santa Creu i Santa Eulalia, Kathedrale des Heiligen Kreuzes und der Heiligen Eulalia, genannt werden sollte. 1339 wurden Eulalias Gebeine aus der Kirche im Born-Viertel in die Kathedrale überführt und glaubt man der Legende, so liegt sie bis heute in der Krypta begraben.

Auf Reliefs im Innenraum der Kathedrale findet ihr Szenen der letzten Tage Eulalias. Schaut auf jeden Fall auch im wunderschönen Kreuzgang vorbei und besucht die dreizehn weißen Gänse, die dort wohnen. Über viele Jahrhunderte hatten diese die Funktion von Wachgänsen, die mit lautem Geschnatter Alarm schlugen, falls jemand einzudringen versuchte. Nun, wo ihr die Geschichte kennt, wisst ihr ja, dass Barcelona mit ihnen an die dreizehnjährige Gänsehirtin erinnert, die den römischen Herrschenden zu überzeugend sprach. . .

Heutzutage ist Eulalia etwas in Vergessenheit geraten und nur diejenigen in Barcelona, die sie besonders innig verehren, gedenken ihrer am 12. Februar. Manche gehen zum Beispiel dreizehnmal die Straße Baixada de Santa Eulalia, in der sich in einer Nische eine kleine Darstellung der Heiligen befindet, hinauf und hinunter. Sie erinnern so an eine der furchtbaren Foltern, denn hier soll Eulalia in einem Faß voll scharfer Gegenstände dreizehnmal hinab gerollt worden sein. Oder sie besuchen die Carrer de l'Arc de Santa Eulalia, eine kleine Gasse, teils unter Steinbögen, in die selten Tageslicht fällt. Dort soll Eulalia im Gefängnis auf ihr Urteil gewartet haben.

Eine andere Heilige hat mittlerweile Eulalias Posten als Stadtheilige eingenommen, aber zumindest ist bis heute der Name Laia in Barcelona sehr populär, eine Abkürzung von Eulalia.

Steine, die Geschichten hierzu erzählen, findet ihr...

- In der Catedral de la Santa Creu i de Santa Eulalia: *Pla de la Seu s/n, 08002 Barcelona* (AI)
- In der Baixada de Santa Eulalia: *Baixada de Santa Eulalia, 08002 Barcelona* (AJ)
- In der Carrer de l'Arc de Santa Eulalia: *Carrer de l'Arc de Santa Eulalia, 08002 Barcelona* (AK)
- Auf der Plaça del Pedró: *Plaça del Pedró, 08001 Barcelona* (AL)

Santa Eulalia am nach ihr benannten Portal der Kathedrale

5 Mercè – Eulalia wird vom Thron gestoßen

Die Heilige Eulalia blieb bis ins Jahr 1687 die wichtigste weibliche Heilige und Schutzpatronin.

Doch in diesem Jahr soll eine massive Heuschreckenplage die Stadt heimgesucht haben. In ihrer Not beteten die Einwohner zu ihren Heiligen, allen voran natürlich zu Eulalia. Doch die Heuschrecken zeigten sich unbeeindruckt und vernichteten weiter die Ernte des ganzen Jahres.

Verzweifelt wandte man sich daraufhin auch anderen Heiligen zu und bei der Mare de Deu de la Mercè (in Deutschland kennen manche sie als Schutzmantelmadonna) soll es dann geklappt haben: Die Heuschrecken zogen weiter (oder waren einfach nur satt?!) und alle waren zutiefst erleichtert.

In ihrer Dankbarkeit fassten die Leute den Entschluss, Eulalia zu degradieren und Mercè zur wichtigsten Schutzheiligen Barcelonas zu erklären. Inoffiziell feierten die Menschen Mercè von da an jedes Jahr, doch die Idee zog einen langen bürokratischen Prozess nach sich. Erst fast 200 Jahre (und 15 Päpste!) später gab es eine Entscheidung durch Papst Pius IX. Dieser gab vermutlich dem immer stärker werdenden Wunsch der Barcelonesen nach. So kam es, dass Mercè im Jahr 1868 schließlich auch offiziell Barcelonas erste Stadtheilige wurde.

Bis heute wird Mercè uneingeschränkt verehrt. Ihr zu Ehren findet seit 1872 jedes Jahr um ihren Feiertag, den 24. September, herum ein großes Volksfest in Barcelona statt und zwar nicht nur einen Tag, nein eine ganze Woche lang! Unzählige Bühnen in der ganzen Stadt sorgen gratis für musikalische Unterhaltung, ein großer Jahrmarkt am Hafen lockt Jung und Alt und zum Abschluss gibt es ein gigantisches Feuerwerk. Falls ihr in diesem Zeitraum eure Barcelona-Reise plant, werdet ihr das Vergnügen haben, viele katalanische Traditionen (Menschentürme, Tänze, Drachen und Giganten…) auf einmal erleben zu können!

Und Eulalia? Mit ihrem Feiertag am 12. Februar ist sie im Trubel um Mercè scheinbar komplett vergessen, aber nur solange, bis es während der Feierwoche anfängt zu regnen. Denn dann erinnern sich die Leute wieder an Eulalia, die eifersüchtig darüber, vom Thron gestoßen worden zu sein, mit ihren Tränen der Konkurrentin das Fest wenigstens zeitweise verhagelt...

Steine, die Geschichten hierzu erzählen, findet ihr...

- In der Basílica de la Mercè: *Carrer de la Mercè 1, 08002 Barcelona* (AM)

6 Les Rambles – Alles im Fluss

Wenn ihr schon in Barcelona wart, seid ihr mit großer Wahrscheinlichkeit auch (mindestens) einmal den berühmtesten Boulevard der Stadt, die Rambles (*Ramblas* ausgesprochen), hinauf oder hinunter spaziert. Möglicherweise habt ihr früh am Morgen, beinahe allein, die schönen Häuser und Platanen bewundert und in noch ganz ursprünglicher Atmosphäre im großen Markt La Boqueria gefrühstückt. Vormittags bei den Blumenständen kurz gestoppt, um an Rosen und Lavendel zu schnuppern. Mittags den lebenden Statuen oder den Karikaturisten bei ihrer Arbeit zugeschaut. Oder aber nachmittags einen Spaziergang gewagt – und ihn einfach nur als anstrengend empfunden, weil plötzlich alles voller Menschen war?!

Vielleicht habt ihr euch dabei auch über das Wort *Rambles* gewundert – über dessen Herkunft oder darüber, warum die meisten vom Plural sprechen, obwohl es sich doch nur um *eine* etwa 1,2km lange Straße handelt, die von der Plaça de Catalunya bis hinunter zur Kolumbus-Säule am Hafen reicht.

Der Name Rambla ist schon sehr alt. Vermutlich leitet er sich vom arabischen Begriff *ramlah* aus dem Sprachschatz der Mauren ab, die ab dem Jahr 711 das Spanische Festland eroberten. Übersetzen kann man dieses Wort mit *sandiges Flussbett* – denn ein solches fanden die Mauren an der Stelle der heutigen Rambles vor. Lange vor ihnen muss dort ein Fluss verlaufen sein, der aber inzwischen ausgetrocknet war.

Lange Zeit war dieses trockene Flussbett kaum von Bedeutung. Es gewann erst im 13. Jahrhundert an Wichtigkeit, als es den Bewohnern Barcelonas darum ging, die Stadt mit einer zweiten Mauer zu schützen. Die viel zu kleine Ringmauer noch aus den Zeiten der römischen Stadtgründung genügte nicht mehr, um alle Einwohner zu schützen. Da kam das Flussbett ins Spiel – denn mit seinem beinahe geraden

Verlauf und der relativ ebenen Oberfläche eignete es sich hervorragend, um darauf einen Abschnitt der neuen Mauer zu errichten. Und dann begann sich der ehemalige Fluss auch tatsächlich wieder mit Flüssigkeiten zu füllen – der übelsten Sorte allerdings, denn außerhalb der Mauern verlief ab da der Abwassergraben... Die Katalanen sind, wie ihr später auch bei den Weihnachtstraditionen werdet lesen können, fasziniert von allem rund um die Verdauung. So bekam das ehemalige Flussbett einen sehr deftigen neuen Spitznamen: Cagalell. Ich denke, wenn ihr euch dieses so hübsch lautmalerische Wort einmal laut vorlest, muss ich es nicht mehr übersetzen?!

Dieser Cagalell stank nun über Jahrhunderte hinweg zum Himmel und bildete eine sehr unangenehme Grenze der Innenstadt zum Stadtteil im Südwesten, dem sogenannten Raval. Das war aber viele Jahre lang nicht weiter schlimm, denn die Vorstadt, über die ich euch später noch etwas erzähle, wurde erst im 18. Jahrhundert im Zuge der Industrialisierung bebaut.

Dann fiel auch der Abschnitt der Mauer, der die Innenstadt vom Raval trennte. Der Cagalell wurde endlich zum unterirdischen Kanal umgewandelt und es begann die Entwicklung der Rambles als Prachtallee. Platanen wurden gepflanzt und Bänke und Straßenbeleuchtung aufgestellt. Die ersten Cafés eröffneten, Kioske begannen Zeitungen und Postkarten zu verkaufen, Blumenhändler siedelten sich an und auch Verkäufer kleiner Vögel und anderer Tiere stellten ihre Stände auf – die Tiere wahlweise zum Kuscheln oder auch zum Verzehr gedacht... Aus dieser Zeit stammt auch die Unterteilung der Allee in fünf Teilabschnitte, die den Plural *Les Rambles* erklärt. Denn für die damaligen Barcelonesen war eine Straße von 1,2km einfach viel zu lang!

Wenn ihr mögt, schauen wir uns diese Unterteilung etwas genauer an:

Beginnen wir im Süden (bei Kolumbus und den lebenden Statuen), so heißt der erste Abschnitt Rambla de Santa Mònica. Hier stand ein Kloster der heiligen Monika, der Schutzpatronin der Augustinermönche. Als Kloster existiert der Bau nicht mehr, doch Teile davon wurden zu einem Kunstzentrum umgestaltet.

Der zweite Teil nennt sich Rambla dels Caputxins, hier stand das Kloster der Kapuzinermönche.

Der darauf folgende dritte Teil, die Rambla de Sant Josep, Rambla des heiligen Josef, ist auch bekannt als Rambla de les Flors, Blumenrambla. Hier haben die Blumenhändler ihre duftenden Stände aufgestellt. Außerdem befindet sich in diesem Abschnitt der größte Markt der Stadt, La Boqueria, der auch Mercat de Sant Josep heißt. Das Kloster des heiligen Josef stand nämlich dort, wo heute die Boqueria ihre Besucher lockt.

Auch der vierte Teil, die Rambla dels Estudis oder Studentenrambla, so benannt nach der ersten Universität der Stadt, hat einen Spitznamen: Rambla dels Ocells, Vogelrambla. Hier wurden noch bis in die 1970er Jahre die bereits erwähnten Tierchen verkauft, eine Tradition, die aber aus Tierschutzgründen mittlerweile abgeschafft ist.

Der fünfte und nördlichste Teil der Rambles grenzt an die große Plaça de Catalunya und nennt sich Rambla de Canaletes. Namensgeber ist ein Brunnen, der Font de Canaletes, welcher bis heute dort steht. Unter den Einwohnern im Mittelalter hatte dieser den guten Ruf, besonders frisches Wasser zu bringen. Denn er war, vom Gebirge kommend, der erste in einer Reihe von Brunnen Richtung Süden. Lange Zeit wurden Barcelonesen auch als „Leute, die vom Canaletes-Brunnen trinken“ bezeichnet. Ihr seht, dieses Wasser genoss in der Tat ein gutes Ansehen.

Die Rambles blieben bis Ende des 19. Jahrhunderts ein Ort, an dem man gerne spazieren ging. Das Wort *ramblejar* stand stellvertretend für das Wandeln auf einem schönen Boulevard. Man sah und wurde gesehen und aus dem ehemaligen sandigen Flussbett wurde das Wohnzimmer der Stadt. Heute ist dieser Charakter durch die immer größer werdende Anzahl an billigen Kramläden und Gastronomieketten leider etwas beschädigt. Doch einen Fluss gibt es bis heute:

einen Menschenstrom! Und wenn ihr auf das Pflaster der Allee schaut, seht ihr Fliesen in Wellenform – eine Erinnerung an die verschiedenen Flüsse, die schon hier entlang liefen. Wegen des großen Erfolgs der Rambles schufen sich übrigens auch andere Stadtteile ihre Rambla. Also wundert euch nicht, wenn ihr einmal auf der Rambla del Poblenou oder der Rambla del Raval steht!

Eine kleine Geschichte über die Allee und ihren berühmten Brunnen möchte ich euch zum Schluss gern noch erzählen:

In den 1930er Jahren erlangte der Font de Canaletes ein besonderes Ansehen – dank Barcelonas berühmtestem Fußballverein, dem FC Barcelona! Denn zu dieser Zeit hatte der Club schon sehr viele Fans. Diese hatten aber nur in den seltensten Fällen ein Radio, um sich bei Spielen ihres Teams über den aktuellen Stand oder später über das Ergebnis zu informieren. Für Abhilfe sorgte da die Sportzeitung „La Rambla“, die in einem Gebäude hinter dem Brunnen ansässig war (aktuell befindet sich in einem modernen Gebäude an gleicher Stelle die Filiale einer großen schwedische Modekette). Die Redakteure des Sportteils bekamen nämlich über eine Schnellschreibmaschine (ein Gerät, das Texte mittels elektrischer Signale übertragen konnte) die aktuellen Geschehnisse der Partien und die Resultate zugespielt. Diese wurden dann mit Kreide auf eine Tafel geschrieben und der wartenden Fanmenge auf den Rambles gezeigt – die idealerweise in riesigen Jubel ausbrechen konnte! So wurde eine Tradition begründet und selbst heute, in Zeiten von Internet und Fernsehen, treffen sich Barça-Fans nach gewonnenen Spielen am Brunnen, um gemeinsam zu feiern. Besonders intensiv wird die Festa, die Feier, nach einem Sieg über den Erzrivalen Real Madrid. Und schafft das Team auch noch das Triple – den Dreiklang aus gewonnener Meisterschaft, Champions League und dem Landespokal „Copa del Rey“ –, dann verwandeln sich die kompletten Rambles samt der Plaça de Catalunya in ein blau-rotes Tollhaus!

Übrigens hat es mit dem Brunnen noch etwas weiteres Besonderes auf sich: Wer aus ihm trinkt, so steht es auch auf einer Metallplakette im Boden geschrieben, der verliebt sich in die Stadt Barcelona und kann gar nicht anders, als immer wieder zurück zu kehren... Natürlich habe ich schon daraus getrunken – und ihr?

Steine, die Geschichten hierzu erzählen, findet ihr...

- Auf dem Boulevard Les Rambles: *La Rambla, 08002 Barcelona* (AN)

7 Sant Jordi und der Drache – Barcelonas liebstes Gespann

Sant Jordi ist auf der ganzen Welt beliebt, auch in Deutschland! Ihr kennt ihn nur vermutlich nicht unter seinem katalanischen Namen, aber als Heiliger Georg, der Drachentöter, ist er sicher den meisten ein Begriff, besonders den Freiburgern, denn für sie ist er sogar Stadtpatron.

In England ist er als Saint George sehr geschätzt und Georgien hat ihn gleich zum Namens- und Schutzpatron eines ganzen Landes erklärt.

Auch in Barcelona wird er verehrt. Im Mittelalter wurden Ritterturniere zu seinen Ehren veranstaltet und sein Feiertag am 23. April ist in meinen Augen einer der schönsten der Stadt. Mit diesem Wissen im Hinterkopf werdet ihr bei euren nächsten Spaziergängen durch Barcelona überall auf den Drachentöter und seinen geschuppten Gegenspieler stoßen – sei es als Mosaik, als kleiner Metalldrache an einem Fenstergitter, als große Steinskulptur, als Wetterfahne auf dem Dach... Viele sagen, hier gäbe es die höchste Dichte an Drachen in der westlichen Welt und manche nennen die Stadt liebevoll Drakcelona. Natürlich wird Barcelona von Orten in China oder Japan abgehängt, aber die Vielzahl an verschiedenen Drachen-Stilen ist hier wirklich einzigartig.

Selbst in der Flagge der Stadt taucht Sant Jordi auf – indirekt. Denn vielleicht habt ihr diese – viergeteilt, in zwei Feldern die gelb-rot-gestreifte katalanischen Fahne und in zwei Feldern ein rotes Kreuz auf weißem Grund – schon entdeckt und euch gefragt, was die englische Fahne darin zu suchen hat? Nun, das rote Kreuz auf weißem Grund ist das sogenannte Georgskreuz und Jordi spielt ja sowohl in England als auch in Barcelona eine bedeutende Rolle. Man kommt also nicht um dieses Gespann herum, darum möchte ich euch gern dessen Geschichte erzählen.

Sant Jordi soll es tatsächlich gegeben haben. Er war wohl römischer Soldat mit griechischen Wurzeln, lebte in Kappadokien und schloss sich den Truppen des Kaisers Diokletian (ja, auch in dieser Geschichte taucht er auf) an. Am 23. April des Jahres 303 soll Jordi von den Römern in der Nähe der Stadt Lod, im heutigen Palästina, getötet worden sein. Denn er weigerte sich, sich an einem Pogrom gegen Christen zu beteiligen, da er selbst Christ war. So wurde er, wie auch Eulalia, nach seinem Tod rasch als Märtyrer verehrt.

Etwa im 12. Jahrhundert, zur Zeit der Kreuzzüge, machte man aus dem Märtyrer Jordi einen Drachentöter. Denn ein Drache als heidnisches Biest, das von einem gläubigen Christen getötet wird, eignete sich hervorragend als Metapher für die Verbreitung des Christentums.

Natürlich gibt es allein in Barcelona viele verschiedene Varianten dieser Drachengeschichte, ich möchte also die erzählen, die ich am häufigsten gehört und gelesen habe:

Ein riesiger Drache soll mit seinen Flammen eine Stadt bedroht haben, so dass die verzweifelten Einwohner ihm zuerst ihr Vieh zum Fraß anboten. Diese Methode stellte das Biest eine Zeit lang ruhig, doch auf die Dauer erwachte sein Appetit wieder. Irgendwann waren die Tiere gefressen und die Menschen mussten sich etwas Neues überlegen. Man erdachte sich eine Art Todeslotterie: Der Name jeder Jungfrau des Dorfes (wie so oft in Legenden natürlich nur die Damen) wurde auf einen Zettel geschrieben, in einen Lostopf gegeben und nach und nach gezogen. Jede Woche musste eine der beklagenswerten Damen zum Drachen gehen und sich fressen lassen. Die Not war groß.

Eines Tages zog man einen überraschenden Namen: den der Königstochter! So demokratisch war man immerhin – selbst sie war Teil der Lotterie. Auch ihr blieb somit nichts anderes übrig, als sich auf den Weg zum Versteck des Drachens zu machen. Wie schon ihre Vorgängerinnen weinte sie auf ihrem Weg fürchterlich. Aber im Gegensatz zu ihnen hatte sie das große Glück, einem edlen Ritter in schillernder Rüstung und auf weißem Ross (wie sonst?!) zu begegnen –

Sant Jordi! Er versprach, das Biest zu töten – und wie es sich für einen Ehrenmann gehört, hielt er das Versprechen und errettete die Prinzessin. Der Jubel im Dorf war riesig und eigentlich endet die Geschichte hier.

Nicht aber in Katalonien! Denn dessen Einwohner betrachten zwei Eigenschaften als ihre Hauptcharakterzüge – Seny und Rauxa. Gesprochen werden diese zwei Worte in etwa wie *Sanj* (etwa so wie das *ñ* in *España*) und *Rauscha*. Seny steht für Sinn, für gesunden Menschenverstand, Geschäftssinn und Kalkül. Rauxa ist das genaue Gegenteil – das Gegengewicht zum kühlen Sinn, ein Rausch, in den man ab und zu verfällt – gerne bei Feierlichkeiten, wenn man Menschentürme baut, riesige Feuerwerke zündet, die ganze Nacht hindurch tanzt und mal (ausnahmsweise) zügellos ist.

Die erste Eigenschaft, Seny, hat sicherlich dazu geführt, dass die Legende von Sant Jordi noch etwas ausgebaut wurde – ganz im Geschäftssinn, aber selbstverständlich auch im Namen der Romantik! Denn, so wird in Katalonien gern erzählt, aus dem vergossenen Blut des Drachen wuchs eine rote Rose empor. Jordi pflückte diese und reichte sie der geretteten Königstochter. Es begann eine Liebesgeschichte! Seither soll jeder katalanische Mann, der etwas auf sich hält, seiner Frau oder Freundin am 23. April eine rote Rose schenken. Solltet ihr also im April in Barcelona sein und die Stadt voller Rosen und Bücher vorfinden, so seid nicht überrascht, sondern macht einfach mit bei dieser schönen Tradition!

Moment, Bücher. . . ? Was haben die mit Sant Jordi zu tun? Auch hier hat der Seny zugeschlagen, aber deutlich später als die Idee mit der roten Rose. Im 19. Jahrhundert stellte ein katalanischer Buchhändler fest, dass der 23. April nicht nur der Ehrentag des Heiligen Georgs ist, sondern auch der Todestag der Schriftsteller Shakespeare und Cervantes (dem Autor von „Don Quijote"). Dieser findige Geschäftsmann erklärte daraufhin den Sant-Jordi-Tag zusätzlich zum Tag des katalanischen Buches – und, ihr ahnt es schon, seitdem soll jede katalanische Frau ihrem Mann oder Freund ein Buch schenken!

Bei etwa siebeneinhalb Millionen Katalanen sind drei Millionen Rosen und drei Millionen Bücher jährlich eine wirklich gute Quote und man erkennt das schnell beim Spaziergang durch Barcelona. Denn die ganze Stadt ist voller Rosen und Bücher und egal ob jung oder alt, egal ob Teenies, die vermeintlich unbeteiligt ihre Rosen kaufen, oder uralte Pärchen, die sich an den Händen haltend vorsichtig und langsam über die Straße gehen, natürlich mit Buch und Rose – alle machen mit.

In der heutigen Zeit der Emanzipation lassen sich die Rollen übrigens auch ganz selbstverständlich drehen: Eine Frau bekommt durchaus auch mal ein Buch, ein Mann eine Rose... Und sowohl die Buchhändler, die rund 20 Prozent ihres Jahresumsatzes an einem Tag machen, als auch karitative Einrichtungen, zu deren Gunsten viele der Rosen verkauft werden, freuen sich mit allen anderen.

Valentinstag mit Köpfchen, sage ich dazu und freue mich persönlich natürlich über jeden Feiertag, an dem Bücher verschenkt werden! Der Welttag des Buches, der seit 1995 jedes Jahr am 23. April gefeiert wird, entstand übrigens aufgrund dieses hübschen katalanischen Brauches.

Steine, die Geschichten hierzu erzählen, findet ihr...

- An der Fassade des Palau de la Generalitat: *Plaça de Sant Jaume, 4, 08002 Barcelona* (AF)
- In der Carrer del Paradís: *Carrer del Paradís, 08002 Barcelona* (AO)
- An der Casa de les Paraigües: *La Rambla 82, 08002 Barcelona* (AP)
- An der Casa Batlló: *Passeig de Gràcia 43, 08007 Barcelona* (AQ)
- An der Casa Amatller: *Passeig de Gràcia 41, 08007 Barcelona* (AR)
- An der Casa Martí, auch bekannt als Café Els Quatre Gats: *Carrer de Montsió 3, 08002 Barcelona* (AS)

– Am Palau de la Música Catalana: *Carrer del Palau de la Música 4-6, 08003 Barcelona* (AT)
– Im Parc de la Ciutadella: *Passeig de Picasso 21, 08003 Barcelona* (AU)

8 Ein Spaziergang durch El Call

Ganz im Herzen des Gotischen Viertels und doch abseits der Menschenströme liegen die verwinkelten Gässchen von El Call. In diesem Stadtteil wohnten bis ins Jahr 1391 die Juden Barcelonas. Der Name des Viertels hat zwei mögliche Ursprünge: Viele sagen, er leite sich von *callejuela* ab, was *enge Gasse* bedeutet. Das ist eine in diesem Gewirr kleiner Straßen und Gässchen sehr zutreffende Bezeichnung. Andere glauben, dass er von *kahal* abstamme. Das ist Hebräisch für *die Gemeinschaft der Gläubigen* und auch eine sehr schöne Deutung. Tauchen wir doch einmal ein in die engen Gassen!

Wie in vielen europäischen Städten im Mittelalter hatte auch Barcelona ein explizit jüdisches Viertel. Das sogenannte Call Major, das große jüdische Viertel, lag nordwestlich der Plaça de Sant Jaume. Als dort die Einwohnerzahl zu groß wurde, wies man ihnen zusätzlich das Call Menor, das kleine jüdische Viertel im Süden der Carrer de Ferran, zu. Die Juden wohnten im Call unter sich. Sie blieben jedoch nicht ausschließlich in ihrem Viertel, sondern gingen tagsüber ihren Geschäften in der Stadt nach. Nur Abends schloss man die Tore.

Bis 1391 wohnten Christen (die große Mehrheit), Juden und auch einige Muslime in Barcelona. Doch in diesem Jahr kam es zu schweren Ausschreitungen, die das jüdische Leben in der Stadt für Jahrhunderte beendeten. Um zu verstehen, wie es zu diesem Pogrom kam, muss man sich die damaligen Unterschiede zwischen den verschiedenen Glaubensgemeinschaften anschauen. Der Alltag einer jüdischen und einer christlichen Familie im Mittelalter sah nämlich sehr unterschiedlich aus.

Die meisten Christen lernten weder lesen noch schreiben. Die, die es konnten, lebten entweder im Kloster oder sie waren sehr reich und konnten sich einen Privatlehrer leisten.

Die große Mehrzahl der Christen arbeitete in den Zünften der Stadt, im Hafen oder als Seemänner und Fischer.

Den Juden hingegen blieb der Zugang zu den Handwerksbetrieben oft verwehrt. Darum ergriffen sie andere Berufe und viele waren äußert gebildet. Sie arbeiteten als Ärzte, Bänker, Philosophen, Naturwissenschaftler, Händler oder Geldverleiher. So waren sie für den Wohlstand der Stadt von großer Bedeutung.

Wollte der König zum Beispiel mit Ländern handeln, die nicht christlichen Glaubens waren, so benötigte er für die Abwicklung der Geschäfte einen jüdischen Händler. Wer konnte, leistete sich einen jüdischen Arzt, denn diese hatten oft einen besseren Ruf als ihre christlichen Kollegen.

Auch im Kreditwesen spielten Juden eine wichtige Rolle. Christen war es damals auf Grund ihrer Religion untersagt, Geld zu verleihen und Zinsen zu nehmen. Es wurde als widernatürlich angesehen, dass Geld sich vermehrte. Aber natürlich benötigten immer wieder Leute einen Kredit. So gingen sie zu einem jüdischen Geldverleiher. Selbst der König war oft auf Kredite der Menschen aus dem Call angewiesen. Und da der Herrscher mit den Juden auch die besten Steuerzahler hatte (sie mussten nämlich besonders hohe Steuersätze und verschiedene zusätzliche Abgaben zahlen), hielt er lange Zeit seine schützende Hand über das jüdische Viertel.

Doch Neid und mangelnde Bildung führten dazu, dass viele Christen ab 1348 schlimmen Gerüchten Glauben schenkten. Denn in diesem Jahr erreichte die Pest die Stadt. Die Menschen starben überall, ein Gegenmittel war nicht in Sicht und alles Flehen und Beten half nicht weiter. Zu Beginn der Krankheitswelle glaubten die Leute, zu ausschweifende Feiern beim Carnestoltes, beim Karneval, hätten Gott erzürnt. Doch wer sucht schon gerne bei sich selbst die Schuld? Schnell war ein Sündenbock gefunden: die Juden. Wie so oft in der Geschichte wurden sie für etwas verantwortlich gemacht, was sie nicht verschuldet hatten. Gerüchte machten die Runde, dass die Juden die Brunnen vergiftet hätten. Man erzählte sich, dass sie als vermeintliche Verursacher gar nicht selbst an der Pest erkrankten. Zusätzlich begann man, ihnen grausige Rituale anzudichten, wie zum Beispiel, dass sie kleine Kinder schlachteten.

Das Schreckliche geschah – ein großer Teil der Bevölkerung begann, diesen Fake News Glauben zu schenken! Wie sollte man diese auch überprüfen? Ohne die Möglichkeit lesen zu können glaubte man dem, was der Nachbar vom Nachbarn gehört hatte. Und was die Ursache der Pest war, blieb auch noch viele Jahrhunderte später ungeklärt. Entsetzliche Wut entzündete sich in Barcelona. Schon im Pestjahr versuchte eine aufgebrachte Menge das erste Mal, das Call zu stürmen. Doch der König schützte seine Juden. Vorerst.

Im Jahr 1391 erreichten neue Anschuldigungen die Stadt. Die Juden hätten eine Hostie entweiht, hieß es. So mussten die Menschen im Call der Inquisition die Tore öffnen. Der Großinquisitor und seine Helfer durchsuchten die Häuser im jüdischen Viertel nach einer angeblichen blutenden Hostie. Was für uns heute absurd klingt, war für viele Christen Barcelonas damals Grund, sich erneut zusammenzurotten. Wieder stand also eine große Menge vor den Toren des Call. Und dieses Mal verschaffte sich der wütende Mob unter Anwendung von Gewalt Einlass. Es begannen drei der blutigsten Tage in Barcelonas Geschichte. Von etwa 4.000 Juden (beinahe 15 Prozent der damaligen Bevölkerung) verloren 400 ihr Leben. Die anderen entkamen oder sie schworen, dem jüdischen Glauben zu entsagen und sich zum Christentum zu bekennen.

Als im Jahr 1492 Spaniens sogenannte Katholische Könige (von denen ihr in einem anderen Kapitel etwas mehr lesen könnt) alle Juden und Mauren, die nicht konvertierten, des Landes verwiesen, lebten in Barcelona schon seit hundert Jahren keine praktizierenden Juden mehr.

Im frühen 20. Jahrhundert begann endlich eine langsame Rückkehr jüdischer Familien, deren Ahnen aus Spanien vertrieben worden waren. Doch erst 1992 entschuldigte sich der Spanische König Juan Carlos I. öffentlich dafür, was man den Juden und Mauren 500 Jahre zuvor angetan hatte.

Das jüdische Viertel in Barcelona erlitt bei dem Angriff 1391 schwere Schäden, viele Häuser und Einrichtungen wurden komplett zerstört. So müsst ihr euch heute in den engen Gassen etwas genauer umschauen, um noch Spuren des jüdischen Mittelalters zu entdecken. In der Carrer de Marlet könnt ihr an der Fassade des Eckhauses (Nummer 1) einen in die Wand eingelassenen Stein mit hebräischer Inschrift entdecken. Dieser wurde beim Bau des Hauses im 18. Jahrhundert mit einbezogen und ehrt den wohltätigen Samuel Ha-Sardí. „Möge sein Licht ewig leuchten“, steht auf dem Stein geschrieben.

Geht ihr in diese schmale Straße weiter hinein, dann findet ihr auf der linken Seite, bei der Hausnummer 5, eine ganz kleine Tür. Wenn nicht gerade Samstag ist, so ist meistens geöffnet. Wagt also gegen ein kleines Eintrittsgeld ruhig einen Blick! Ihr müsst die Köpfe etwas einziehen, um in die Vergangenheit zu reisen. Denn Barcelona ist ja, wie ihr nun wisst, immer wieder auf den Schichten seiner alten Häuser neu errichtet worden. Geht ihr die kleinen Stufen hinab, so gelangt ihr ins Jahr 1140. In diesem wurde die Sinagoga Major, die Haupt-Synagoge (es soll insgesamt fünf gegeben haben) errichtet, deren Überreste ihr nun besuchen könnt! Manche Historiker glauben, dass sogar die Ausgrabungen, die ihr unter Glas sehen könnt und die etwa aus dem vierten Jahrhundert stammen, schon eine Synagoge waren. Aber selbst wenn sie „erst“ 1140 errichtet wurde, ist dieses jüdische Gotteshaus das älteste Spaniens und eines der ältesten weltweit.

Dass die Synagoge wieder ans Tageslicht kam, verdanken wir dem glücklichen Zusammentreffen zweier Neugieriger im 20. Jahrhundert.

1987 begann der Mittelalter-Forscher Riera y Sans nach dem Ort der Synagoge zu forschen. Er interessierte sich besonders für Steuerbücher aus der damaligen Zeit. Mit deren Hilfe (er rekonstruierte Routen von Steuereintreibern) begann er zu ahnen, dass sich die Hauptsynagoge in der Carrer de Marlet befinden könnte. Das von ihm vermutete Gebäude sah allerdings zu diesem Zeitpunkt nicht nach Gotteshaus aus, denn ein Elektronik-Fachgeschäft befand sich darin. 1995 stieg Miguel Iaffa, selbst Jude und Sohn einer Katalanin und eines Argentiniers, in das Projekt mit ein. Er bewies theoretisch, dass sich die Synagoge an der vermuteten Stelle befinden musste. Er prüfte unter anderem die Fenster – sie sind genau nach Jerusalem ausgerichtet, wie es sich für ein jüdisches Gotteshaus gehört. Als der Besitzer das Haus verkaufte, sammelten Riera y Sans und Iaffa Geld, erwarben es und finanzierten archäologische Arbeiten und Rekonstruktion. Die gute Nachricht ist also: Ihr könnt diese uralte Synagoge besuchen! Es gibt Führungen, ein kleines Museum und im Hauptraum finden auch wieder jüdische Zeremonien statt.

Ich finde es sehr schön, dass nicht nur die Synagoge, sondern auch die Juden selbst zurück in Barcelona sind. Fast 4.000 Menschen jüdischen Glaubens leben wieder hier, wie zu den guten Zeiten des Call. Natürlich wohnen sie nicht mehr alle in der Altstadt und es gibt weitere große Synagogen in der Stadterweiterung. Aber wenn ihr euch für jüdische Geschichte interessiert, so könnt ihr in den engen Gassen wieder darin eintauchen.

Steine, die Geschichten hierzu erzählen, findet ihr...

– Am hebräischen Stein der Carrer de Marlet 1: *Carrer de Marlet 1, 08002 Barcelona* (AV)
– In der Sinagoga Major: *Carrer de Marlet 5, 08002 Barcelona* (AW)
– Im Museum MUHBA El Call: *Placeta de Manuel Ribé s/n, 08002 Barcelona* (AX)

9 Wilfried der Haarige und Karl der Kahle

Ein Graf mit Beinamen *der Haarige* dient einem Lehnsherr, der den Beinamen *der Kahle* trägt – solche schönen (und wahren!) Geschichten schreibt manchmal eben doch nur das Leben. Denn Wilfried der Haarige hat in der Tat existiert und er würde nicht in diesem Buch erscheinen, wäre er nicht für die Katalanen von ganz besonderer Bedeutung.

Dieser Franken-Graf aus Carcassone, der von 840 bis 897 lebte, machte sich im Rahmen der sogenannten Reconquista, der Rückeroberung der Region im Norden Spaniens, durch Tapferkeit in der Schlacht und taktisches Geschick einen Namen.

Diese Eroberung der Gebiete war für den damaligen Frankenkönig, Ludwig den Frommen, dringlich geworden. Die Mauren, die ab 711 das spanische Festland eingenommen hatten, versuchten nämlich, über die Pyrenäen in Richtung Frankreich vorzurücken. Selbstverständlich wollte der fränkische Herrscher kein Einflussgebiet verlieren. Darum drängte er gemeinsam mit seinen Rittern und Soldaten die Mauren zurück in Richtung Süden, bis hinter das Delta des Flusses Ebro. Die so befreiten Gebiete wurden von verschiedenen Grafen in Herrschaftsgebiete aufgeteilt und es entstand ein ziemlicher Flickenteppich auf der Landkarte.

Später, unter der Herrschaft des oben schon erwähnten Königs Karl des Kahlen (der selbst übrigens auch ziemlich haarig gewesen sein soll – man vermutet einen eher ironischen Spitznamen) war auch Wilfried Graf in der Region. Er erbte die Grafschaft Urgell (das spricht man wie *Urschej* aus) von seiner Familie. Als der damalige Graf von Barcelona gegen den König rebellierte, sah Wilfried seine Zeit gekommen, sich ganz besonders loyal zu zeigen. Zum Dank wurde er nicht nur zum neuen Grafen Barcelonas erklärt, sondern zusätzlich von vier weiteren Gebieten. Nun also war Wilfried Herrscher über sechs Grafschaften, er fügte diese zusammen und erklärte Barcelona zum Regierungssitz des Verbundes. Damit bekamen sowohl er als auch die Stadt eine herausragende Stellung in der Region.

Aus diesem Grund betrachten viele Katalanen Wilfried bis heute als Gründervater Kataloniens – obwohl das Wort *Katalonien* erst viele Jahre nach ihm zum ersten Mal dokumentiert wurde. Wenn ihr auf Spurensuche gehen möchtet: Sein Sohn, Wilfried der Zweite (nein, dieser hatte leider keinen lustigen Beinamen), liegt in der kleinen romanischen Kirche Sant Pau del Camp im Viertel Raval begraben, die einen Besuch absolut lohnt! Sie ist nämlich eines der wenigen erhaltenen romanischen Bauwerke überhaupt in Barcelona. Für mich ist sie die schönste Kirche im Viertel und ihr kleiner, stiller Kreuzgang eine Ruheoase im quirligen Alltag des Stadtteils. Schaut aber vorher nach den Öffnungszeiten; da der Bau nicht so populär ist, ist er auch nicht so lang geöffnet.

Tauchen wir ins Reich der Legenden ab, so hat Wilfried auch da ein Wörtchen mitzureden. Denn glaubt man einer dieser Erzählungen, so war er nicht nur Gründer der Nation, nein, er war auch mit beteiligt an der Gestaltung der katalanischen Nationalflagge! Schwer verwundet von einer Schlacht gegen die Mauren, soll er in seinem Zelt gelegen haben, als Karl der Kahle ihn besuchen kam. Als Dank für seine tapferen Dienste wollte der König dem Grafen etwas bieten. Wilfried soll auf seinen goldenen Schild gedeutet haben, der zu dem Zeitpunkt noch kein Wappen trug. Daraufhin – Achtung, nun wird es etwas pathetisch! – ging der Herrscher zum Verwundeten, legte seine Hand auf die Verletzung und mit vier blutigen Fingern strich er über den Schild. Ein goldener (gelber) Hintergrund, vier blutige (rote) Streifen – und La Senyera, die Nationalfahne, war geboren. Eine sehr schöne Geschichte – nur leider nicht wahr, denn Wilfried starb ja, wie ihr nun wisst, im Jahr 897. Die katalanische Flagge jedoch ist auf 1167 datiert...

Verwechselt übrigens nicht die offizielle Nationalflagge mit dem ähnlichen Banner mit Stern. Immer wieder taucht im Straßenbild nämlich eine rot-gelb-gestreifte Fahne auf, die zusätzlich ein blaues Dreieck mit weißem Stern darin zeigt. Diese gibt es erst seit 1908, sie ist das Zeichen der katalanischen Unabhängigkeitsbewegung und angelehnt an die kubanische und die puerto-ricanische Fahne. Denn beide Länder waren bis 1898 spanische Kolonien und manche Unabhängigkeitsbefürworter betrachten auch Katalonien als eine solche. Darum borgte man sich, nachdem die ehemaligen Kolonien eigenständig wurden, Dreieck und Stern und kreierte die revolutionäre Fahne. Hier hatte Wilfried nun übrigens wirklich nichts mehr mit zu tun.

Aber der heldenhafte, haarige Graf war, so wird gern überliefert, auch Drachentöter! Katalonien hat, wie ihr ja nun wisst, schon seit Jahrhunderten ein Faible für Drachengeschichten. In der Wilfried-Version sollen die Mauren als letzte Rache einen jungen Drachen von Nordafrika nach Katalonien gebracht haben. Wie genau das feuerfeste Schiff konstruiert wurde, ist leider nicht überliefert, aber das Tier wurde nach der Überfahrt in eine Höhle im Norden Barcelonas, in die Cova del Drac beim Ort Matadepera, gesetzt. Wie junge Drachen so sind, war auch dieser recht hungrig und begann auf Streif-Flügen, das Vieh der Bauern in der Umgebung zu verputzen. Je mehr er fraß, desto größer und hungriger wurde er. Verständlicherweise wandten sich die Bauern protestierend an Wilfried, der daraufhin seine besten Soldaten schickte, um das Ungetüm zu töten. Doch der Drache war listig. Denn kaum hatte einer der Soldaten die Höhle erreicht, so vertrieb das Biest mit Zischen und Flügelschlagen das Ross, das meist vor lauter Panik in eine Kluft stürzte. Der Reiter, der keine Möglichkeit mehr hatte, schnell zu entkommen, aber den Drachen auch nicht besiegen konnte, wurde im Anschluss verspeist.

Also war es an Wilfried selbst, sich um diese vielleicht welterste biologische Wunderwaffe zu kümmern. Klug wie er war, nahm er neben Schwert und Schild noch einen langen, dicken Ast (manche sagen sogar „Baumstamm“) mit auf den Berg. Mit Hilfe dieses Astes hielt er sich den Drachen auf Distanz und piesackte ihn gleichzeitig. Das Tier wurde immer gereizter und soll am Ende entnervt den Ast entzwei gebrochen haben. Wilfrieds Gelegenheit! Mit je einem halben Ast in den scharfen Klauen war der Drache kurzfristig weniger angriffsfähig und der Graf konnte ihm sein scharfes Schwert in den Bauchpanzer stoßen und ihn töten! Triumphierend soll Wilfried angeordnet haben, das Tier zu häuten, und den Balg mit Stroh auszustopfen – und diese Beute immer wieder auf den Straßen seiner Stadt Barcelona herum zu tragen.

Möglicherweise liegt dieser Legende die Tradition zugrunde, bei wichtigen Feierlichkeiten riesige Drachenfiguren (heute allerdings eher aus Pappmaché), begleitet von Feuerwerkskörpern, durch Barcelonas Straßen ziehen zu lassen. Das nennt sich dann Correfoc, Feuerlauf.

Als „Beweis“ für die Geschichte findet ihr Wilfried sogar an der Fassade der Kathedrale – schaut einmal auf der Plaça Sant Iu vorbei. Dort seht ihr neben dem Eingangstor zwei wackere Männer gegen Drachen kämpfen. Rechts steht ein Mann Namens Vilardell, der massive Rüstung braucht, um die Schlacht zu gewinnen. Und links, nur in Shorts und über und über behaart... unser haariger Held!

Übrigens – ist euch aufgefallen, dass die allermeisten katalanischen Männer, egal ob jung oder alt, gerne Bart tragen...?!

Steine, die Geschichten hierzu erzählen, findet ihr...

- An der Fassade der Catedral de la Santa Creu i de Santa Eulalia: *Plaça de Sant Iu, 08002 Barcelona* (AY)
- In der Kirche Sant Pau del Camp: *Carrer de Sant Pau 101, 08001 Barcelona* (AZ)
- Für Wanderlustige: In der Höhle Cova del Drac: *08230 Matadepera* (BA)

Wilfried der Haarige an der Kathedrale

Schwalben und Schildkröte – Ein Briefkasten mit Bedeutung

10 Die Casa de l'Ardiaca – Von Schwalben und Schildkröten

Gegenüber der Kathedrale von Barcelona, in der kleinen Carrer de Santa Llúcia, steht ein gotisches Gebäude, das ursprünglich für den sogenannten Ardiaca (den Erzdiakon) errichtet wurde: Die Casa de l'Ardiaca. Die ältesten Teile des Hauses sollen noch aus dem 12. Jahrhundert stammen. Im 16. Jahrhundert gestaltete man es zu einem prächtigen Palast um. Doch 1895 änderte sich die Nutzung des Hauses – die Kirche zog aus, die Anwaltskammer ein! 1902 wurde der stadtbekannte Architekt Domènech i Montaner (ich sagte ja schon, ihr werdet ihm erneut begegnen...) beauftragt, das Gebäude zu restaurieren und teilweise auch zu verschönern. Die hübschen blauen Majolika-Fliesen im Innenhof stammen zum Beispiel von ihm und auch ein ganz besonderes Objekt, der Briefkasten nämlich, der an der Außenfassade bei der Treppe angebracht ist.

Der Briefkasten wirkt zunächst nicht wie ein so vermeintlich banales Objekt, eher wie eine zierliche, in die Wand eingelassene Skulptur. Diese hat es allerdings faustdick hinter den Ohren, denn sie ist ein bissiger, symbolischer Seitenhieb auf die Justiz der damaligen (und oft wohl noch der heutigen) Zeit.

Schaut ihn euch einmal an: Ihr seht fünf flinke Schwalben – das Idealbild der Justiz, schnell soll sie doch bitte sein. Aber auch Efeu windet sich am Briefkasten – es steht für die immer weiter wuchernde Bürokratie. Und neben den Efeublättern sitzt dann das Resultat dieser Bürokratie – die Justiz in Form einer Schildkröte, langsam und behäbig.

Sehr hübsch finde ich, dass es der Briefkasten, obwohl erst etwas mehr als 100 Jahre alt, bereits in den Legendenschatz Barcelonas geschafft hat. Denn ihr seht bestimmt, dass der Panzer der Schildkröte schon ganz blankgerieben aussieht? Streichelt man ihn, so bringt es Glück, erzählt man sich hier.

Vor allem, wenn man zu lange den Totenschädel unter der Brücke Pont del Bisbe in der Querstraße betrachtet habe und dadurch in den Augen mancher verflucht ist. Also schnell hin zu diesem besonderen Talisman!

Übrigens ist die Casa de l'Ardiaca an Fronleichnam, neben einigen anderen Gebäuden der Altstadt mit Springbrunnen, Schauplatz einer sehr kuriosen Tradition – der sogenannten tanzenden Eier. Denn die Brunnen werden zum Feiertag wunderschön mit Blumen geschmückt und der Wasserdruck wird erhöht, damit sich ein Wasserstrahl auf der Spitze bildet. Um diesen Strahl herum legt man, auch mit Pflanzen verziert, eine Art Metalltrichter.

Und dann platziert man auf der Spitze des Wasserstrahles ein ausgeblasenes, weißes Ei. Es beginnt dort oben zu tanzen, sich zu drehen, manchmal herunter zu fallen, aber durch den Wasserdruck auch wieder nach oben zu wandern. Was wirklich fröhlich und pittoresk aussieht, stellt die Menschen aber bis heute vor ein Rätsel: Woher kommt der Brauch, der wohl schon im 15. Jahrhundert seinen Anfang nahm und der seit 1637 offiziell begangen wird?

Hat das weiße Ei etwas mit der Reinheit zu tun? Mit dem Leben selbst? Wurden mit den tanzenden Eiern Adlige unterhalten, die auf die Fronleichnamsprozession warteten? Oder war es doch eher ein Spaßvogel, der seine Mitmenschen foppen wollte? Bis heute bleibt es unklar – aber nicht jede Tradition muss ja erklärt werden, um schön zu sein. Wenn ihr also zufällig an Fronleichnam in der Stadt sein solltet, lasst euch das Programm des „L'ou com balla“ geben und geht in den Innenhöfen der Altstadt auf Eiersuche!

Steine, die Geschichten hierzu erzählen, findet ihr. . .

– An der Casa de l'Ardiaca: *Carrer de Santa Llúcia 1, 08002 Barcelona* (BB)

11 König Jaumes Fledermaus

König Jaume I. – das ist übrigens die katalanische Version des Namens Jakob –, der von 1208 bis 1276 lebte, ging als einer der beliebtesten Könige des katalanischen Mittelalters in die Geschichte(n) ein.

Schon seine Empfängnis ist den Katalanen eine Legende wert. Denn sein Vater, König Pere I., soll sich von seiner Gemahlin, sagen wir vorsichtig, nicht gerade sehr angezogen gefühlt haben. Sein Hofstaat, in Sorge, dass ein Nachkomme und Thronfolger ausbleiben könne, soll eine List ersonnen haben: Pere I. wurde ein nächtliches Treffen mit einer noblen und ihm unbekannten Schönheit versprochen, die sich nach der Gunst ihres Herrschers sehnte.

Der geschmeichelte Pere I. soll interessiert gewesen sein. Es kam zum Schäferstündchen – aber in Dunkelheit, um das Ganze noch aufregender zu machen. So ganz „helle" war der König anscheinend nicht, denn die ihm angepriesene Schönheit konnte er so wohl nur schwer nachprüfen... Nachdem der Monarch den Raum wieder verließ, sollen dort Edelmänner, Priester und Notare gewartet haben. Sie bezeugten, dass, sollte die Dame in neun Monaten ein Kind gebären, dieses nach dem Tod des Vaters den Thron besteigen würde. Die edle Unbekannte war natürlich niemand anders als die Königin – die in der Tat schwanger wurde und 1208 einem Sohn, Jaume I., das Leben schenkte.

Dieser Herrscher gelangte unter anderem zu so großer Berühmtheit, da er bereits im jungen Alter von 21 Jahren mit seinen Soldaten Mallorca von den Mauren zurückeroberte.

Sieben Jahre später schloss er Ibiza und Formentera der Krone von Aragó, dem seit 1137 bestehenden Bündnis zwischen der Grafschaft Katalonien und dem Königreich Aragó, an. In einem zähen, 13 Jahre andauernden Kampf besiegte er danach auch in der Stadt Valencia die maurische Armee. Unter seiner Herrschaft hatte sich das Königreich also massiv ausgedehnt und von seinen Gefolgsleuten wurde Jaume I. begeistert el Conqueridor (der Eroberer) genannt.

Zusätzlich soll er außerordentlich klug und belesen gewesen sein und – selbstredend – gutaussehend, was ihm, Frauenheld, der er anscheinend war, bei der Damenwelt Pluspunkte einbrachte. Jaume I. scheint ein großer Gegensatz zu seinem Vater gewesen zu sein: Drei Mal war er verheiratet und meist verließ er die Ehefrau wegen einer neuen Herzdame (die letzte Frau ließ er allerdings sitzen, weil sie an Lepra erkrankt war – kein feiner Zug). Außerdem hatte er viele Geliebte. Aus all diesen Liebschaften sollen am Ende (mindestens) 15 dokumentierte Kinder hervorgegangen sein. Ihr seht also, ein wirklich besonderer König!

Ein Detail aus Jaumes Leben möchte ich nicht unterschlagen: Sogar sein Lieblingstier ist dokumentiert – die Fledermaus! Viele Herrschende wählen sich ein Wappentier, doch meist sind das eher Adler, Bären oder andere majestätische Kreaturen. Warum also eine Fledermaus? Nun, sie soll Jaume und seinen Männern das Leben gerettet haben und zwar in der bereits erwähnten Schlacht um Valencia.

Die Truppen Kataloniens und Aragós belagerten die Stadt lange Zeit und Jaumes Ruf eines mächtigen und nur schwer zu besiegenden Herrschers war ihm voraus geeilt. Darum beschloss ein Teil der maurischen Armee, nachts einen Angriff aus dem Hinterhalt zu wagen. Die Männer näherten sich den schlafenden Belagerern, doch plötzlich – ganz ohne ihr Zutun – hörte man beim Zelt des Regenten Lärm. Es klang wie klirrende Waffen, so dass König wie auch Wachsoldaten aufgeschreckt wurden. Jaume I. ordnete sofort Gefechtsbereitschaft an und Späher machten tatsächlich die Mauren in der Dunkelheit aus. Und – ihr erwartet es sicher nicht anders – auch diese Schlacht gewann er.

Nach dem erfolgreichen Ende des Kampfes wollten die Soldaten dann noch dem geheimnisvollen Lärm auf den Grund gehen. Sie fanden im Zelt des Königs eine große Fledermaus, die darin gefangen nervös um sich geschlagen und einige Waffen umgeworfen hatte. Jaume I. soll so erleichtert über diese schicksalhafte Fügung gewesen sein, dass er die Fledermaus zu seinem glücksbringenden Tier erklärte. Nach der Einnahme der Stadt Valencia ließ er anordnen, dass sie das Stadtwappen zieren solle.

Auch in Barcelona findet ihr das Flattertier an verschiedenen Gebäuden, zum Beispiel sehr präsent am Arc de Triomf, dem Triumphbogen. Hier befinden sich zwei große graue Fledermäuse rechts und links des Bogens.

Die kleine Fledermaus auf dem Eingangsschild des Marktes La Boqueria hingegen müsst ihr etwas länger suchen. Und auf den Metall-Schildern für das beste Haus des Jahres (die die Stadtregierung von 1899 – 1930 verleihen ließ) sitzt sie auf der Spitze der Krone von Aragó über dem Wappen Barcelonas. Diese Plakette findet ihr zum Beispiel am Palau de la Música Catalana, dem katalanischen Musikpalast.

Einen Platz auf der Krone nimmt die Fledermaus auch viele Male auf dem Prachtboulevard Passeig de Gràcia ein, um den es später im Buch noch gehen wird. Schaut einmal nach oben, zu den Spitzen der schönen Jugendstil-Laternen aus Gusseisen, die im unteren Teil weiße Sitzbänke mit Trencadís (zerbrochener Keramik) besitzen: Da sitzt sie! Diese Stadtmöbel sind entgegen mancher Behauptung nicht von Antoni Gaudí, sondern vom damaligen Stadtarchitekten Pere Falqués. Doch weil sie das für Gaudí so typische Mosaik besitzen, wurden sie dem Meister immer wieder gern zugeschrieben. Darum brachen sich manche Leute ein Stückchen des Trencadís als Souvenir aus den Bänken, im Glauben, sie besäßen dann einen echten Gaudí…

Was dem Mittelalter die Schilde waren, das sind der Neuzeit die Logos. Und auch in verschiedenen katalanischen Logos findet sich die Fledermaus – zum Beispiel bis heute im Emblem des FC Valencia, des wichtigsten valencianischen Fußballvereines. Auch der beliebteste Fußballclub Barcelonas, natürlich der FC Barcelona, besaß bei seiner Gründung 1899 ein Wappen mit kleiner Fledermaus. 1910, beim Re-Design, wurde das Tier dann aber leider entfernt.

Noch ein anderes, heutzutage weltbekanntes Logo katalanischer Herkunft trägt Jaumes Lieblingstier. Erdacht wurde es im Jahr 1862 von einem Geschäftsmann, der in Sitges im Süden Barcelonas geboren worden war, sein Geschäft aber auf Kuba etablierte – ein gewisser Herr Facundo Bacardí i Massó. Dieser hatte mit der Produktion von weichem, sanft schmeckendem Rum – in Zeiten, in denen die Spirituose eher als *aguardiente* (*brennendes Wasser*) bekannt war – bahnbrechenden Erfolg. Da die Fledermaus sowohl in seinem Heimatland Katalonien als auch auf Kuba ein Symbol für Glück und Gesundheit war, wählte er, wie einst auch Jaume I., das Tier für ein einprägsames Firmenlogo.

Ich kann euch einen Ausflug in den hübschen Badeort Sitges übrigens sehr empfehlen, denn dort findet ihr neben feinem Sandstrand und einer pittoresken Altstadt auch ein Denkmal zu Ehren von Bacardí auf der Strandpromenade. Für ganz Interessierte gibt es sogar ein Bacardí-Museum, die Casa Bacardí!

Und da die Familie auch auf Barcelonas eleganter Plaça Reial (die euch später noch im Geschichtenmosaik begegnen wird) eine schicke Wohnung besaß, benannte man eine der angrenzenden Passagen nach ihr: die Passatge Bacardí.

Der Bacardí Rum ist mittlerweile auf der ganzen Welt verbreitet und die Firma der größte Spirituosenhersteller, der sich noch immer in Privatbesitz befindet. Wer weiß, vielleicht auch dank der glücksbringenden Fledermaus!

Steine, die Geschichten hierzu erzählen, findet ihr...

- Auf dem Passeig de Gràcia: *Passeig de Gràcia, 08007 Barcelona* (BC)

- An der Casa Lleó i Morera: *Passeig de Gràcia 35, 08007 Barcelona* (BD)

- In der Passatge Bacardí: *Passatge Bacardí, 08002 Barcelona* (BE)

- Am Eingangstor des Mercat de Sant Josep / de la Boqueria: *La Rambla 91, 08001 Barcelona* (BF)
- Am Fries des Arc de Triomf: *Passeig de Lluís Companys, 08003 Barcelona* (BG)
- Als Monument in Sitges: *Passeig de la Ribera s/n, 08870 Sitges* (BH)
- Im Bacardí-Museum Casa Bacardí in Sitges: *Plaça de l'Ajuntament 11, 08870 Sitges* (BI)

12 „Ein Mann, der sich Kolumbus nannt…“

…ja, auch der spielt im Geschichtenmosaik eine Rolle! Christoph Kolumbus, der weltberühmte Seefahrer, war nämlich Ende des 15. Jahrhunderts auf der Suche nach Geldgebern. Sein Ziel: Einen Seeweg nach Indien finden! So trug er seine Ideen und Bitten am portugiesischen Hof vor, jedoch ohne Erfolg. Auch die spanischen Regenten, die Katholischen Könige Ferdinand und Isabella (von denen ihr später noch mehr werdet lesen können), ließen ihn abblitzen. Kolumbus‘ Bitten in Frankreich scheiterten genauso wie sein zweiter Besuch in Portugal. Also startete er einen erneuten Anlauf am spanischen Hof. Nach langem Hin und Her erklärten sich Ferdinand und Isabella 1492 bereit, ihn mit dem nötigen Geld und Schiffen für die Expedition auszustatten.

Doch nicht einfach so, nein, zuerst musste ein seitenlanger Vertrag ausgehandelt werden! Es wurde bis ins kleinste Detail festgehalten, wer im Falle einer geglückten Reise welche Ländereien, welche Schätze und welche Titel erhalten würde. Eine Kopie dieses Vertrages findet ihr im Innenhof des Arxiu de la Corona d‘Aragó, dem Archiv der Krone von Aragó.

Im Nachbargebäude dieses prächtigen Baus im Gotischen Viertel soll Kolumbus nach seiner Seereise im Jahr 1493 empfangen worden sein. Tretet aus dem Archiv heraus auf Plaça del Rei, den Platz des Königs. Auch wenn man es kaum vermutet: Das Bauwerk, das am wenigsten elegant wirkt (es hat links einen mehrstöckigen Turm mit offenen Fenstern und eine viertelkreisförmige Treppe), ist tatsächlich der ehemalige Königspalast! Hier soll Kolumbus bei seiner Rückkehr zusammen mit seiner Besatzung, die viele unbekannte Pflanzen, Früchte, Gemüse und Tiere mitbrachte, die Treppe hinauf geschritten sein. Im großen Saal hinter den Fenstern mit den hübschen, schlanken Säulen soll ihm zu Ehren ein riesiges Bankett stattgefunden haben. Man feierte Kolumbus‘ erfolgreiche Reise – auch wenn er, wie man später merkte, nicht in Indien, sondern im heutigen Zentralamerika gelandet war. Auch einige Ureinwohner Amerikas, Indianer genannt, betraten an diesem Tag die Plaça del Rei. Sie wurden in der Kathedrale getauft, doch viele dieser unglücklichen Menschen starben bald nach ihrer Ankunft in der „alten Welt". Sie waren den hiesigen Krankheiten schutzlos ausgeliefert.

Die Stadt Barcelona rieb sich die Hände, erhoffte sie sich doch durch die von Kolumbus entdeckten Ländereien und Schätze großen Reichtum. Doch das Regentenpaar Ferdinand und Isabella machten diesen Träumen ein jähes Ende: Sie vergaben das Handelsmonopol an Sevilla im Süden Spaniens. Ihr Plan war es, den Sitz der Macht Stück für Stück nach Zentralspanien zu verlegen und Sevilla zum Tor zur „neuen Welt" zu machen. Barcelona blieb so beinahe 300 Jahre vom Handel mit den Ländern, die man zu Kolonien erklärte, ausgeschlossen. Erst im späten 18. Jahrhundert durfte die Stadt am Handel mit den Kolonien teilnehmen, bereicherte sich dann aber umso schneller.

Da Kolumbus' Expedition Barcelona, wenn auch mit Verzögerung, massiven Wohlstand bescherte, begannen viele, den Seefahrer zu verehren und setzten ihm verschiedenste Denkmäler. Am prägnantesten ist sicherlich das „Monument a Colom" aus dem Jahr 1886. Die 60 Meter hohe Säule am Ende der Rambles entstand für die erste Weltausstellung in Barcelona. Auf ihrer Spitze zeigt Kolumbus, sieben Meter hoch und mit einem über 30 Zentimeter langen Zeigefinger ausgestattet, aufs Meer.

Manche behaupten, er deute in Richtung Amerika. Doch die Statue ist anders ausgerichtet: Der Finger zeigt eher nach Mallorca. Grund dafür ist, dass unter anderem die Stadt Portocolom auf der beliebten Insel für sich in Anspruch nimmt, Geburtsort des Seefahrers zu sein. Nachdem man nämlich für etwa 400 Jahre geglaubt hatte, dass Kolumbus aus Genua stamme, stellten ab Ende des 19. Jahrhunderts immer mehr Länder die Behauptung auf, er komme aus Spanien, aus Portugal, aus Frankreich... Und so reklamierten auch einige Katalanen: „Kolumbus war Katalane!" Ganz eindeutig geklärt ist seine Herkunft wohl bis heute nicht. Böse Zungen behaupten übrigens, dass Kolumbus nur so gedreht wurde, damit er Madrid den Rücken kehrt... Wie dem auch sei, da oben steht der Seefahrer und wenn ihr möchtet, könnt ihr ihn mit dem Aufzug besuchen fahren.

Es gibt noch weitere Spuren von Kolumbus in der Stadt: Die auf das Monument zulaufende breite Straße heißt Passeig de Colom. Und eine Passage, die auf die Plaça Reial (die ihr in der nächsten Geschichte kennen lernen könnt) führt, nennt sich Carrer de Colom. Das finde ich besonders passend an einem Platz, der zu Beginn hauptsächlich von Familien bewohnt wurde, die sich durch den Handel mit den Kolonien eine goldene Nase verdient hatten!

Steine, die Geschichten hierzu erzählen, findet ihr...

- Am „Monument a Colom“: *Plaça del Portal de la Pau, 08001 Barcelona* (BJ)
- Auf dem Passeig de Colom: *Passeig de Colom, 08001 Barcelona* (BK)
- In der Carrer de Colom: *Carrer de Colom, 08002 Barcelona* (BL)
- Im Arxiu de la Corona d‘Aragó: *Carrer dels Comtes 2, 08002 Barcelona* (BM)

13 Ein göttlicher Bote auf dem königlichen Platz

Zu einem Barcelona-Besuch gehört für mich unbedingt auch, sich die wunderschöne Plaça Reial, den königlichen Platz, anzuschauen! Entstanden ab 1848 ist sie ein besonders eleganter Ort mitten im Gotischen Viertel, ein Platz, der mit seinen gelben Fassaden, den klassischen Arkadengängen, seiner Symmetrie, den Palmen mit kleinen, grünen Sittichen darin, dem hübschen Brunnen in der Mitte und dem (meist) blauen Himmel einfach automatisch für gute Laune sorgt. Ein König hat hier übrigens nie residiert, der Platz trägt den Namen, weil er so besonders prächtig ist und man mit ihm den damaligen Regenten ehren wollte.

Geplant wurde er zu einer Zeit, als Barcelona noch von seinen Stadtmauern umklammert war und die Regierung nach einer Möglichkeit suchte, für etwas mehr Luftigkeit innerhalb des bedrückend engen Stadtgefüges zu sorgen. So wehte im Jahr 1835 ein neuer Wind durch Barcelona: ein deutlich liberalerer, der dazu führte, dass man 80 Prozent der Ländereien, die sich in Kirchenbesitz befanden, enteignete!

Man riss vor allem viele große Klöster ab. Oft blieb nur noch die zugehörige Kirche stehen. Das freigewordene Land ging danach entweder in die öffentliche Hand über oder wurde privaten Investoren verkauft. Dieser sehr radikale Schritt ermöglichte zum Beispiel die Gestaltung der Plaça Reial mit Häusern für die Bourgeoisie der Stadt.

Auch viele Märkte Barcelonas stehen am Standort ehemaliger Klöster. Der Mercat de Sant Josep, euch sicher besser bekannt als La Boqueria, steht dort, wo zuvor das Kloster des Sant Josep, des Heiligen Josef, abgerissen worden war. Und anstelle des Klosters der Heiligen Katharina wurde der Mercat de Santa Caterina erbaut...

Die Plaça Reial war zu Beginn ein durchschlagender Erfolg. Alle reichen Familien wollten an diesem Prachtort in unmittelbarer Nähe der Rambles – die damals noch als Wohnzimmer der Stadt und beliebte Flaniermeile galten – eine der riesigen, hellen Wohnungen beziehen. Doch diese Mode ging unerwartet schnell vorbei – nämlich schon nach etwa 40 Jahren. Nach dem Fall der Stadtmauern 1854 setzte nämlich in den 1880er Jahren ein massiver Immobilien-Spekulationsboom ein. Wer das nötige Kleingeld hatte, ließ sich in der Stadterweiterung gleich einen ganzen kleinen Palast bauen. Man plante eine noch viel größere Wohnung für sich selbst und mehrere weitere zum Vermieten.

Die Reichen kehrten dem königlichen Platz den Rücken zu, die dortigen Wohnungen wurden geteilt und wieder geteilt und anstelle der Bourgeoisie zogen Mitglieder der Bohème ein. Der Platz selbst wurde nach und nach zum Treffpunkt für zwielichtige Gestalten aller Art, seien es Drogenhändler, Kriminelle oder Prostituierte. Noch in den 1980er Jahren galt der ehemals wunderschöne Ort als no-go-area. Sogar am Tag mieden die meisten die Plaça Reial.

Der Aufschwung kam, wie für viele Orte in Barcelona, durch die Vorbereitungen für die Olympischen Spiele im Jahr 1992. Davon erzähle ich euch in einem anderen Kapitel noch etwas mehr. Dank vieler Freiwilliger, die unter anderem die Fassaden instand setzten, und verstärkter Polizeipräsenz deutet heute nichts mehr darauf hin, dass die Plaça Reial noch vor 30 Jahren heruntergekommen und düster war.

Neben all der klassischen Pracht des Platzes findet ihr übrigens zwei Elemente, bei denen ihr vielleicht etwas ins Grübeln geratet: zwei Laternen, die sich so gar nicht dem übrigen Stil anpassen wollen. Sie sind rot und blau, wirken erstaunlich mittelalterlich und ihr Hauptpfosten in der Mitte der sechs Leuchten ist von zwei Schlangen umwickelt und trägt einen Helm. Einen geflügelten Helm obendrein! Kennt ihr diese Schlangen und den Helm mit Flügeln vielleicht aus der griechischen oder römischen Mythologie?

Sie stehen für Hermes oder Merkur – je nachdem, in welcher der beiden Mythologien ihr euch gerade befindet – den Götterboten, der auch an den Schuhen Flügel hatte, um seine Sendungen möglichst schnell ausliefern zu können. Er ist außerdem der Gott des Handels und der Finanzen. So darf er an einem Platz, der ursprünglich für die durch Handel mit den Kolonien reich gewordenen Familien geschaffen worden war, natürlich nicht fehlen. Außerdem gilt er als Beschützer der Reisenden – und der Diebe, etwas ironisch, wo doch der königliche Platz so lang Ort der dunkleren Gestalten war...

Entworfen wurden diese Laternen vom sicherlich berühmtesten Architekten der Stadt – von Antoni Gaudí! Ja, auch der war mal jung und während seines Studiums musste er sich das Geld dafür zu einem Großteil selbst verdienen. Im Gegensatz zu vielen seiner Architektenkollegen, die aus gut betuchtem Elternhaus stammten und studieren konnten, wonach und wie lange ihnen der Sinn stand, kam Gaudí aus einer Handwerkerfamilie. Die Eltern kratzten zwar alles ihnen mögliche Geld für die Lehre ihres Sohnes zusammen, aber es reichte eben doch nicht ganz.

Umso glücklicher war Gaudí, als er im Jahr 1878, noch während seines Studiums, mit 26 Jahren den Auftrag der Stadt Barcelona erhielt, Straßenbeleuchtung zu entwerfen. Man wollte ursprünglich ganze Plätze und Straßenzüge damit ausstatten, doch Gaudís Entwurf änderte diesen Plan. Denn ganz billig war es leider nicht, die fantasievollen, detailreichen Leuchten herzustellen. Und auch Gaudí selbst verkaufte sich, obwohl jung, so doch ganz gewiss nicht unter Wert. Sein Architektenhonorar soll so hoch angesetzt gewesen sein, dass (Achtung: Seny!) die Stadt es zwar bezahlte, aber den ersten Auftrag auch gleichzeitig den letzten sein ließ. Realisiert wurden schlussendlich nur vier der Laternen: zwei auf der Plaça Reial, zwei auf dem Pla de Palau an der Grenze zum Viertel Barceloneta.

Zum Glück lernte Gaudí noch im gleichen Jahr Eusebi Güell (dieser schwierige Name wird in etwa wie *Gu-ej* ausgesprochen) kennen, einen Fabrikantensohn und katalanischen Medici, der gar nicht wusste, wohin mit seinem Vermögen. Um Geld in bleibende Schönheit zu verwandeln, beauftragte

Güell Gaudí mit vielen verschiedenen Projekten, unter anderem 1886 mit seinem privaten Wohnhaus in der Carrer Nou de la Rambla, ganz in der Nähe der Plaça Reial. Und aus der Geschäftsbeziehung der beiden wurde eine lebenslange Freundschaft.

Da Gaudí nicht der einzige war, der Hermes (oder Merkur) ehren wollte, findet ihr im Stadtbild immer wieder eine Skulptur des göttlichen Boten oder dessen Symbole, den Stab mit Schlangen oder den geflügelten Helm. Und nun wisst ihr ja, dass auch ihr Reisenden einen besonderen Beschützer habt...

Steine, die Geschichten hierzu erzählen, findet ihr...

- An den Laternen der Plaça Reial: *Plaça Reial, 08002 Barcelona* (BN)
- An den Laternen des Pla de Palau: *Pla de Palau, 08003 Barcelona* (BO)
- Als Statue auf der Plaça de Catalunya: *Plaça de Catalunya, 08002 Barcelona* (BP)
- An der Fassade der Banc d'Espanya: *Plaça de Catalunya 17, 08002 Barcelona* (BQ)
- Am Fries des Arc de Triomf: *Passeig de Lluís Companys, 08003 Barcelona* (BG)

Kolumbus' Expeditionen im 15. Jahrhundert brachten für die Menschen Europas einen Wandel der Essgewohnheiten mit sich. Denn der Seefahrer führte aus der „neuen Welt“ Gemüse, Obst und Gewürze ein, ohne die wir uns heute die südeuropäische Küche nur schlecht vorstellen können: Wie traurig wäre das Essen ohne Tomaten, Paprika, Auberginen, ohne Kartoffeln, Mais oder Kaffee? Und was wären erst die Leckermäulchen der „alten Welt“ ohne Schokolade?

Auch die Kakaobohne befand sich zum Glück unter den Lebensmitteln, die Kolumbus und seine Männer importierten. Doch die unscheinbare, braune Bohne wurde zu Anfang verschmäht. Hart, bitter und etwas scharf enttäuschte sie den europäischen Gaumen. Es fehlte ein gutes Rezept!

In den von Kolumbus entdeckten Ländern hatten Mayas und Azteken bereits seit fast 3.000 Jahren ihre Xocolatl dünnflüssig, bitter und, dank Chili, Pfeffer oder Vanille, ordentlich pikant genossen. Der aztekische Name des Getränkes leitet sich vermutlich von *xoco* für *bitter* und *atl* für *Wasser* ab. Für diese Völker war Schokolade mehr als nur ein Getränk – sie war ein verehrtes Heilmittel und oft nur Königen, Priestern und Kriegern vorbehalten.

Die Barcelonesen wiederum konnten mit dem *bitteren Wasser* nichts anfangen. Doch sie lernten mit den Jahren, dass man die Bohnen mahlen und kochen muss und interpretierten das Getränk dann auf ihre Art! So dickflüssig wie es nur irgend geht, mit Vanille oder Zimt gewürzt und mit Zucker gesüßt – so fand Xocolata (wie *Scho-ko-lata* ausgesprochen) ihre Anhänger!

Bereits 1519 soll im Saló de Tinell, dem großen königlichen Galasaal, die erste Trinkschokolade serviert worden sein. Außerhalb des Palastes soll ein Café in der Carrer de Petrixol die erste Anlaufstelle für Schokosüchtige geworden sein. In dieser kleinen Gasse findet ihr lauter sehr hübsche Mosaike, die Menschen und Szenen aus der Straße darstellen. Eines davon zeigt eine Familie bei Tisch, die „nata, ensaimada i xacolata“ – Sahne, Ensaimadas (Hefegebäck) und Schokolade – genießt! Auch ihr könnt dies bis heute hier tun: Die ganze Straße duftet herrlich nach süßer Schokolade, denn die Dichte an Läden, die das braune Gold verkaufen, ist nirgends in der Stadt höher!

Zu Beginn ihres Siegeszuges war Schokolade etwas für die Oberschicht, nur die konnte sich den teuren Genuss leisten. Doch ab dem 17. Jahrhundert erschloss sich auch den einfacheren Leuten der Zugang zur süßen Freude. Ein wahrer Schoko-Wahn brach aus. Die Menschen müssen Schokolade so sehr geliebt haben, dass sie sie tranken, so oft sie es sich leisten konnten.

Manch einer behauptet bis heute, dass Barcelonesen Schokolade selbst im Gottesdienst getrunken haben sollen! Der Bischof, der das vermutlich nicht ganz schicklich fand, soll das Getränk daraufhin aus allen Kirchen der Stadt verbannt haben. Ein weiterer Grund für einen möglichen Bann könnte gewesen sein, dass die Kirchenvertreter sich sorgten, dass der braune Trank aphrodisierende Wirkung haben könne... Was der Bischof nicht kennt, das trinkt er nicht – sonst hätte er die These ja vielleicht prüfen können.

Andere erzählen sich, dass gerade die Kirche den Erfolg der Schokolade unterstützt habe. Denn im Jahr 1569 soll der damalige Papst, Pius V., entschieden haben, dass Schokolade sogar während der Fastenzeit genossen werden durfte! Denn sie war ja ein Getränk und wenn selbst Starkbier als Fastentrunk erlaubt war... Mit den klangvollen Worten „Potus iste non frangit jejunium“ – „Sie bricht das Fasten nicht“ – sorgte der Papst unter den gläubigen Süßmäulchen sicherlich für große Freude.

Die feste Schokolade soll die Kirchenvertreter später erneut auf die Probe gestellt haben. Die Jesuiten sollen sich für den Verzehr auch fester Schokolade während des Fastens ausgesprochen haben, während die Dominikaner strikt dagegen waren. Ein Kardinal beendete damals den Streit: Er entschied zugunsten der braunen Sünde.

Im 18. Jahrhundert begannen die Menschen Barcelonas, sogenannte Xocolatades zu feiern. Das Wort zu übersetzen ist etwas schwierig, ich denke *Schokoladen-Feste* trifft es am ehesten. Besonders am Wochenende begann man, Ausflüge aufs Land zu machen und dort in Schokolade, Tanz und Gesang zu schwelgen. Manche Feiernde sollen auch hier wieder an Aphrodisiaka im Getränk geglaubt haben – und der Placebo-Effekt angeblich zu wilden Orgien geführt haben! Auch heute noch gibt es Xocolatades, meist aber für einen guten Zweck oder unter Nachbarn. Eine hübsche Tradition, nicht?

1933 machte sich eine weitere Schokoladen-Spezialität auf, die Herzen von Groß und besonders von Klein zu erobern: Kakao! Ein Mann mit Namen Viader begann, das Getränk mit Milch anstelle von Wasser zuzubereiten. So war „Cacaolat" geboren, den ihr bis heute in gelb-braunen Flaschen kaufen könnt. Den charmanten Laden der Familie, die Granja Viader, gibt es bis heute in einer kleinen Nebenstraße im Raval – es lohnt sich, zu suchen!

Die für meinen Geschmack beste Trinkschokolade Barcelonas bekommt ihr übrigens im zauberhaften Cafè de l'Òpera auf den Rambles (der Ausnahme, die die Regel bestätigt, dass man auf den Rambles nicht essen sollte). In diesem hübschen Café, das 1847 im Stil zentraleuropäischer Kaffeehäuser eröffnete, könnt ihr bis heute zwischen Kellnern im Frack, Wandspiegeln und Malerei in Schokolade schwelgen! Bestellt noch eine Portion Churros dazu, Streifen von ausgebackenem Brandteig, und ihr seid für die nächsten Kilometer Steine Suchen bestens gewappnet!

Steine, die Geschichten hierzu erzählen, findet ihr...

- In der Carrer de Petrixol: *Carrer de Petrixol, 08002 Barcelona* (BR)

- Im Café de l'Òpera: *La Rambla 74, 08002 Barcelona* (BS)
- Im Café Granja Viader: *Carrer d'en Xuclà 4, 08001 Barcelona* (BT)
- An der Casa Amatller: *Passeig de Gràcia 41, 08007 Barcelona* (AR)

15 Dunkle Zeiten – Die Spanische Inquisition

Die meisten von euch haben vermutlich schon von der Spanischen Inquisition gehört. Um dieses dunkle Thema kommen wir auch im Geschichtenmosaik nicht herum, da besonders im Gotischen Viertel einige Steine hierzu etwas erzählen können. Doch zuerst gilt es vielleicht zu erwähnen, dass auch die Katalanen eine Inquisition einführten und das vor den Spaniern. Bereits ab dem Ende des 12. Jahrhunderts verfolgte man in Katalonien sogenannte Ketzer. Oft waren das Menschen, die sich neuen christlichen Strömungen aus Frankreich anschlossen. Die Nachbarschaft Kataloniens und Frankreichs erklärt, warum die Inquisition hier früher einsetzte als in Südspanien.

Die katalanische Inquisition stand unter der Schirmherrschaft des Papstes und wurde meist von Dominikanermönchen überwacht. Diese setzten Großinquisitoren ein, die im ganzen Land gefürchtet waren. Menschen jüdischen und islamischen Glaubens ließ man allerdings für viele Jahre in Ruhe. Erst ab 1391, nach dem furchtbaren Pogrom gegen die Juden Barcelonas, wachte das Auge der Inquisition auch über sie.

Insgesamt blieb die Zahl der Opfer der katalanischen Inquisition jedoch hinter der der Spanischen Inquisition weit zurück. Diese wurde von einem Paar ins Leben gerufen, das 1469 heiratete und dadurch eine Art Personalunion zwischen zwei mächtigen Reichen der damaligen Zeit schuf: Ferdinand von Aragó, der später in Barcelona herrschen sollte, heiratete Isabella von Kastilien, die Königin Spaniens. Dieses Paar sollte als die Katholischen Könige in die Geschichtsbücher eingehen. Im Jahr 1478 setzten die zwei eine neue Institution ein: die Spanische Inquisition. Diese sollte unabhängig von der Kontrolle des Papstes schärfstens darüber wachen, dass in Spanien die katholische Religion die einzige Religion wäre. Nur wer in den Augen der Kirche reines Blut hatte, sprich ein echter Katholik war, hatte von diesem Zeitpunkt an gute Chancen im Berufsleben. Juden, Mauren oder Menschen, die an eine andere christliche Auslegung glaubten, wurden von da an verfolgt.

Die Spanische Inquisition stieß in Barcelona auf wenig Gegenliebe, denn man fürchtete eine Einmischung in die Angelegenheiten der Stadt. So soll deren erster Großinquisitor von niemandem empfangen worden sein. Außer sich vor Wut über diesen Mangel an Respekt soll dieser auf seinem Pferd geradewegs in die Kathedrale geritten sein, um seine Macht zu demonstrieren.

Im Nachbargebäude des Königspalastes aus dem 16. Jahrhundert, dem heutigen Arxiu de la Corona d'Aragó (dort, wo auch die Kopie des Kolumbus-Vertrages hängt), bezog die Inquisition ihr Hauptquartier in Barcelona. An der Außenwand des Gebäudes in der Carrer dels Comtes entdeckt ihr noch heute einen Beweis dafür: einen steinernen Schild, der unter anderem ein Schwert, ein Lamm und einen Olivenzweig zeigt. Dies ist das offizielle Zeichen der Spanischen Inquisition: Der Olivenzweig symbolisiert die Begnadigung der Opfer, das Schwert jedoch steht für die Bestrafung der angeblichen Sünder.

Es begannen Zeiten voller Angst unter den Menschen. Denn auf einmal war beinahe jeder verdächtig. Oft war es noch nicht einmal nötig, dass man tatsächlich an eine andere Religion glaubte. Es genügte, einen missgünstigen Nachbarn oder Verwandten zu haben, der einen anschwärzte. Lügen begannen sich zu verbreiten, man habe jemanden bei sonderbaren nächtlichen Ritualen beobachtet. Die Inquisition, immer auf der Suche nach neuen Fällen von (vermeintlicher) Ketzerei, verhaftete diese armen Leute schnellstens. Sie machte ihnen einen Prozess, der mit Gerechtigkeit nicht das geringste zu tun hatte. Folter spielte eine entscheidende Rolle. Mit grausamen Methoden presste man den in den Augen der Inquisition Schuldigen Geständnisse von Taten ab, die sie meist nicht begangen hatten. Leugnen der Vorwürfe hatte keinen Zweck – unter Qualen gestand man am Ende doch. Aber auch ein

Geständnis war oft nutzlos. Denn gestand man nicht, war man schuldig – gestand man doch, ebenso. Es folgte ein rasches Urteil, von Kerkerhaft bis zur Todesstrafe.

Als angebliche Ketzer Verurteilte wurden nicht geköpft, denn die Kirche durfte kein Blut vergießen. Statt dessen verbrannte sie ihre Opfer lebendig und unter den Augen der Öffentlichkeit. Am Grausamsten daran finde ich, dass die Kirche behauptete, wenn man den Verurteilten umbrächte, habe er noch eine Chance, ins Himmelreich zu gelangen. Seine Seele sei dann durch das Feuer rein von Sünde.

Die öffentlichen Hinrichtungen wurden meist von vielen Menschen besucht, die in ihrem eintönigen mittelalterlichen Alltag von diesen grausamen Spektakeln angezogen wurden. Eltern brachten ihre Kinder mit, um ihnen ein abschreckendes Beispiel zu präsentieren – eine furchtbare erzieherische Maßnahme.

In den Anfangsjahren fanden die Verbrennungen direkt auf dem Königsplatz, der Plaça del Rei, statt. Seht ihr euch auf diesem Platz um, so erkennt ihr auch warum: Hier steht der ehemalige Palast des Königs, der Sitz des Großinquisitors und in der Nähe die zwei wichtigsten Kirchen, die Kathedrale und die Kapelle des Königs (die ihr an dem kronenförmigen Dach erkennen könnt). Alle nötigen Instanzen waren vereint, es war sozusagen praktisch, die Opfer an diesem Ort zu verbrennen.

Selbst der für die Hinrichtungen unabdingbare Henker wohnte gleich am Platz. Schaut einmal in die südliche Ecke, direkt neben dem Museum für Stadtgeschichte. Dort steht ein kleines, beinahe quadratisches Gebäude, in dem der Henker lebte. Sein Haus stand nicht *in* der Stadt, aber auch nicht vor den Stadtmauern, sondern quasi innerhalb der Mauer, denn keiner wollte ihn zu seinem Nachbarn haben. Er war gefürchtet und musste sich mit gelber Kutte und Haube jederzeit zu erkennen geben. Handschuhe tragen war Pflicht und im Markt wurden ihm seine Körbe gefüllt, da er selbst nichts berühren durfte. Attraktiv wurde dieser Beruf erst, als dem Henker die letzten Habseligkeiten, die das Opfer vor der

Hinrichtung bei sich trug, zugesprochen wurden. Das konnten Schuhe und Kleidung gewesen sein – aber durchaus auch Finger, Ohren oder Knochen der Getöteten! Diese Körperteile verkauften manche Henker angeblich als eine Art Glücksbringer oder sie stellten aus ihnen allerhand gruselige Cremes und Heilmittel her. Das finstere Mittelalter wurde hier seinem Namen leider mehr als gerecht. Als die Plaça del Rei für die großen Zuschauermengen irgendwann zu klein wurde, verlegte man die Exekutionen auf den Passeig del Born im Ribera-Viertel.

Diese Jahre, in denen viele völlig Unschuldige ihr Leben lassen mussten, sind sicher eines der schwärzesten Kapitel der Geschichte Kataloniens und Spaniens. Genaue Opferzahlen kann man nicht nennen, denn zur damaligen Zeit führte man nicht über jeden Fall genau Buch. Außerdem ist die Definition des Wortes *Opfer* in vielen Quellen unklar. Handelte es sich um ein Opfer von Folter und Kerker, das aber überlebte? Handelte es sich um ein Todesopfer? Die Zahlen schwanken zwischen 30.000 und 300.000. Doch allein zwischen 1478 und 1505 soll in Barcelona über 1.000 Menschen der Prozess gemacht worden sein.

Die einzige positive Nachricht ist, dass die sogenannte Hexenverfolgung deutlich kürzer und geringer ausfiel als zum Beispiel in Deutschland. In Katalonien erfasste eine kurze Welle der Hysterie das Land von 1616 bis 1622, hier wurde aber „nur" etwa 400 Frauen der Prozess gemacht. Zum Vergleich: Allein in Deutschland sollen zwischen 1300 und 1775 bis zu 25.000 Menschen umgebracht worden sein, die meisten davon Frauen. Im gesamten Europa werden die Opferzahlen der Hexenverfolgung auf über 60.000 Personen geschätzt.

Zum Glück wurde die Spanische Inquisition im Jahr 1834 endlich offiziell von Königin Maria Cristina abgeschafft! Doch stumme Zeugnisse sind bis heute zu finden. Besonders auf der Plaça del Rei mit dem ehemaligen Henkershaus und schweren Gittern vor den Kellerfenstern bin ich immer glücklich, dass dieser Teil der Geschichte hinter uns liegt.

Steine, die Geschichten hierzu erzählen, findet ihr...

- Auf der Plaça del Rei: *Plaça del Rei, 08002 Barcelona* (BU)
- Im Arxiu de la Corona d'Aragó: *Carrer dels Comtes 2, 08002 Barcelona* (BM)
- In der Carrer dels Comtes: *Carrer dels Comtes, 08002 Barcelona* (BV)
- Auf dem Passeig del Born: *Passeig del Born, 08003 Barcelona* (BW)

16 La Ribera – Das Uferviertel im Wandel

Folgen wir der Chronologie, in der die Stadtteile entstanden sind, so kommt nach dem Gotischen Viertel (von dem ihr ja schon im ersten Kapitel etwas erfahren habt) der Stadtteil La Ribera. Dieser Name bedeutet *Das Ufer*, da das Viertel südlich am damaligen Hafen Barcelonas endete.

Schon unter den Römern bot die erste Stadtmauer nicht allen Einwohnern Platz. Darum legte man Felder und Bauernhöfe außerhalb der Mauer an. Doch bis auf ein paar dieser landwirtschaftlichen Betriebe blieb die Gegend rund um die Straße Richtung Frankreich relativ leer. Dies änderte sich im Mittelalter, denn inzwischen beherbergte Barcelona deutlich mehr Menschen. So ließen sich ab Mitte des 12. Jahrhunderts auf der gegenüberliegenden Seite der heutigen Via Laietana, im Nord-Osten des Stadtkerns, immer mehr Barcelonesen nieder.

Zuerst fanden sich um den Hafen herum, in der neugegründeten Vilanova de la Mar (der Neustadt des Meeres), Fischer und Händler ein. Diese profitierten von den guten Fischereigründen und dem immer stärker florierenden Seehandel. Dann folgten viele Handwerksbetriebe in die nördliche Vilanova de Sant Pere (die Neustadt des heiligen Petrus). Am Ende ließen sich auch wohlhabende Familien im Uferviertel mittelalterliche Stadtpaläste bauen.

Vom 13. bis ins 18. Jahrhundert hinein wurde der Bezirk immer populärer – und reicher. Die Zünfte generierten Wohlstand, sorgten für die Ausbildung neuer Handwerker und überwachten die Qualität der Produkte. Der Seehandel wurde zum Garant für reiche Erträge, denn dank der Ausdehnung des katalanischen Einflussgebietes im Mittelmeer kamen immer neue Produkte in die Stadt. Mit der sogenannten Llotja, der Seehandelsbörse, entstand eine der damals wichtigsten Institutionen Barcelonas. Und die Leute sagten gern, es schwämme kein Fisch mehr im Mittelmeer, der nicht die vier roten Streifen (der katalanischen Flagge) auf seinen Seiten trüge.

Geldwechsler und Tuchmacher, Gewürzhändler, Schmiede, Juweliere, reiche Handelsfamilien, Fischer und Hafenarbeiter bevölkerten das attraktive Stadtviertel. Auch Bewohner des Gotischen Viertels kamen gern vorbei – vor allem, wenn Karneval gefeiert wurde. Viele Märkte lockten die Menschen an, ebenso wie Attraktionen auf dem zentralen Platz des Viertels, dem Passeig del Born. Hier fanden neben Ritterspielen, die dem Platz seinen Namen gaben (*bornejar* bedeutet *ein Turnier austragen*), auch Hinrichtungen statt. Beide Ereignisse waren Publikumsmagneten...

„Roda el món i torna al Born" war damals ein Sprichwort, „Umrunde die Welt und kehre zum Born zurück".

Durch die Vergabe des Handelsmonopols mit den amerikanischen Kolonien an Sevilla begann jedoch im 16. Jahrhundert der Niedergang des Viertels. Der Seehandel brachte ab da immer weniger Reichtum in die Stadt. Im 18. Jahrhundert versetzte dann die Errichtung einer massiven Zitadelle La Ribera den Todesstoß. Für dieses militärische Bauwerk (von dem ich später noch erzählen werde) wurde gut ein Drittel der Häuser abgerissen! Die reichen Handelsfamilien wanderten aus dem Viertel ab und es wurde zu einem Ort, an dem sich die Bewohner dicht an dicht drängten. Noch voller wurde es, als die Industrie immer mehr Arbeiter in die Stadt lockte. Als im 19. Jahrhundert die Stadtmauer fiel und die Reichen begannen, aus der Altstadt in die Stadterweiterung Eixample (um die es später noch gehen wird) umzusiedeln – da war das ehemals blühende Ufer-Viertel schon eng, düster und ärmlich.

Der Aufschwung kam erst in den 1980er Jahren, als man begann, Barcelona Olympia-hübsch zu machen (auch davon später mehr). Da lenkte sich der Blick allmählich auch auf das Ribera-Viertel, zuerst auf die Straßen rund um den Passeig del Born, das Herz der Nachbarschaft. Häuser wurden saniert, neue Läden, Bars und Restaurants zogen ein.

Die Gentrifizierung zeigt hier heute ihre Licht-, aber auch

Schattenseiten. Diese Entwicklung zieht vom Süden, vom Teil von La Ribera, den man heute El Born nennt, mittlerweile in Richtung Santa Caterina und Sant Pere im Norden. Doch an vielen Ecken findet ihr sie immer noch, die kleinen Gassen, die selbst am Tag oft menschenleer sind. Lasst euch einfach treiben, taucht ein und findet viele Steine, die euch etwas erzählen wollen...

17 Sprechende Schilder: „Ich gehe zur Bank“

Besonders in La Ribera gibt es auch Straßenschilder, die euch Geschichten erzählen können. Sie berichten vor allem vom Alltag der Menschen im Mittelalter. Zum Beispiel heißen bis heute noch Straßen nach der Zunft, die für viele Jahrhunderte dort präsent war. Es gibt noch immer die Gerber-Straße (Carrer dels Assaonadors), die Glaserei-Straße (Carrer de la Vidrieria), die Seilmacher-Straße (Carrer dels Corders), die Silberschmiede-Straße (Carrer de l'Argenteria) und viele mehr. Auch wenn bis auf die Silberschmiede all diese Berufe in Barcelona mittlerweile nicht mehr existieren, nehmen euch die Straßenschilder mit auf eine Reise in die Vergangenheit. Das Ribera-Viertel ist bis heute vom Handwerk geprägt – allerdings eher vom Handwerk des Feinen. Ihr findet Schuhmacher, Schneider, Maler oder eben Schmuck-Designer. Sucht ihr ein ganz besonderes Barcelona-Unikat? Dann nichts wie los in diese hübschen Gassen!

An der Kreuzung der Straßen Carrer dels Canvis Vells und Carrer dels Canvis Nous, ganz in der Nähe der Kirche Santa Maria del Mar, erzählen euch die Schilder eine Geschichte aus dem Finanzwesen. Das Wort *canvis* bedeutet nämlich *Wechsel*: es waren die Straßen der Geldwechsler. Diese lagen früher ganz in Hafennähe. Ihr müsst nur die Canvis Vells ein Stück in Richtung Osten laufen und kommt auf den Pla del Palau. An diesen grenzte früher die Stadtmauer und direkt dahinter schon der Hafen! Da dank des Handels mit verschiedensten Ländern am Mittelmeer immer wieder neue Devisen nach Barcelona kamen, mussten diese in die hiesige Währung umgetauscht werden. Der perfekte Ort in Hafennähe also, um sich als Geldwechsler niederzulassen!

Was brauchte man, um ein Geldwechsler zu werden oder andere Finanzgeschäfte durchzuführen? Eine *Bank*, und zwar im wahrsten Sinne des Wortes! Das war nämlich ein besonders schön gearbeitetes, teures Möbelstück, eine Mischung aus einem niedrigen Tisch und einer hohen Bank. Zusammen mit einer kostbaren, bestickten Decke darauf war sie die Lizenz zum Geldgeschäfte Machen. Man musste sich alles von der Stadtregierung bestätigen lassen, dann konnte es losgehen. Von diesem Möbelstück leitet sich übrigens bis heute der Spruch „Ich gehe zur Bank!“ ab, der auch euch vielleicht so manches Mal verwundert hat?!

Doch es gibt auch noch die Straße mit Namen Canvis Nous, die sehr ähnlich klingt. Warum? *Vells* bedeutet *alt*, *nous* heißt übersetzt *neu*. Die alte Straße der Geldwechsler war die Ursprüngliche, in der zu Spitzenzeiten um die zehn Händler an ihren Bänken saßen. In die neue Straße der Geldwechsler hingegen zogen diejenigen der Zunft, die krumme Geschäfte gemacht hatten…

Denn es war so: Handelte man bei Geldgeschäften entgegen der Vorschriften, betrieb zum Beispiel Zinswucher oder ging sogar pleite, dann entzogen die Autoritäten die Lizenz. Konkret hieß das: Die Herren der Kontrollbehörde kamen, brachten eine Axt mit – und zerschlugen die so wichtige Bank! Der Betreiber der Wechselstube war damit, so sagen wir noch heute, bankrott. Denn damals wurde der Begriff *banca rota* geprägt – und der bedeutet auf Spanisch nichts anderes als *kaputte Bank*. Eine von den Behörden zerschlagene Bank-Lizenz bedeutete also den Bankrott. Ist es nicht spannend, wo Worte, die wir heute ganz selbstverständlich verwenden, ihren Ursprung haben?

Ging nun ein Geldwechsler bankrott, so wartete er manchmal darauf, bis Gras über die Sache gewachsen war, um dann nach einigen Jahren in einer anderen Straße – aber immer noch in Hafennähe – eine neue Wechselstube aufzumachen! Und wie viele Geldwechsler saßen in der Carrer dels Canvis Nous? Zu Spitzenzeiten bis zu 15! Scheinbar gab es damals im Bankenwesen Barcelonas also mehr Gauner als ehrliche Menschen. Und manche sind der Ansicht, dies habe sich bis heute nicht geändert…

Steine, die Geschichten hierzu erzählen, findet ihr...

- An der Kreuzung der Straßen Carrer dels Canvis Vells und Carrer dels Canvis Nous: *Carrer dels Canvis Vells, 08003 Barcelona* (BX)

18 Santa Maria del Mar – Die Kirche des Volkes

Von allen gotischen Kirchen in Barcelona ist mir Santa Maria del Mar die allerliebste. Das hängt mit ihrer Geschichte genauso wie mit ihrer Architektur zusammen.

Die Heilige Maria des Meeres trägt ihren Namen einerseits aufgrund ihrer Nähe zur Küste, andererseits, weil sie von und für Menschen gebaut wurde, die am Meer lebten. Denn als das Viertel La Ribera im 13. Jahrhundert immer mehr Aufwind bekam und sich zu einem wichtigen Ort für Zünfte und Seehandel entwickelte, da begannen dessen Bewohner, sich einen schönen, neuen Kirchenbau zu wünschen. Die Kathedrale im Herzen der Stadt nahm langsam Gestalt an, doch die Menschen aus dem Ufer-Viertel betrachteten diese eher als Gotteshaus für die oberen Klassen. Sie träumten von einer Kirche fürs Volk, für Händler, Handwerker, Fischer und Seeleute. Zur großen Freude aller nahmen also im 14. Jahrhundert Planungen für eine gotische Kirche Gestalt an. Diese sollte anstelle der alten romanischen Kirche errichtet werden und viel prächtiger aussehen.

Dann ging alles rasend schnell: Santa Maria del Mar überholte die Kathedrale! Die Kathedrale brauchte 150 Jahre bis zur Fertigstellung im Jahr 1448. Santa Maria del Mar hingegen war, nach einer Bauzeit von nur 55 Jahren, 1383 vollendet!

Heute winken wir bei einem Bauprojekt von 55-jähriger Dauer gähnend und seufzend ab (und hoffen vielleicht, dass es ein gewisser Flughafen etwas schneller schafft. . .). Im Mittelalter jedoch war das Rekordzeit! Denn ihr müsst bedenken, dass man noch nicht die Werkzeuge und Maschinen besaß wie heutzutage. Man beschlug Steine von Hand, mauerte in schwindelerregenden Höhen auf hölzernen Gerüsten stehend und zog im Team die tonnenschweren runden Schlusssteine ins Kirchengewölbe. Eine Knochenarbeit – stellt euch vor, so müsste man heute Großprojekte bewältigen! Zusätzlich war

Barcelona in der Bauphase der Santa Maria del Mar von der Pest geplagt. Viele Menschen starben, die Überlebenden waren geschwächt, litten Hunger – und waren trotzdem gewillt, ihre Kirche fertig zu bauen!

Die Männer, die eine besonders tragende Rolle beim Bau der Kirche gespielt haben sollen, waren die sogenannten Bastaixos (die man wie *Bas-tai-schus* ausspricht). Das waren starke Kerle, deren eigentlicher Beruf das Entladen von Schiffen und der Transport von Waren auf ihrem Rücken war.

Die Zunft der Bastaixos war, wie viele andere Zünfte auch, eng mit der Kirche verbunden, ihre Mitglieder meist sehr gottesfürchtige Menschen. So wollten auch diese Männer etwas zur Errichtung der neuen Kirche beitragen. Und wo andere Geld spendeten, da gaben die Bastaixos ihre Kraft: Sie sollen Steine vom königlichen Steinbruch zur Baustelle geschleppt haben. Das mag erst mal nicht so schlimm klingen, denn wir alle können ja Steine tragen. Aber diese Steine sollen zwischen 50 und 80 Kilo gewogen haben – und dann auch noch vom Berg Montjuïc gekommen sein! Dort, wo sich heute der riesige Friedhof auf Barcelonas Hausberg befindet, lagen nämlich im Mittelalter die Steinbrüche! Der dort abgebaute Sandstein war von sehr guter Qualität und wurde darum für viele städtische Bauprojekte verwendet, von den gotischen Kirchen bis hin zur Krypta von Gaudís Sagrada Familia!

Die Vorstellung, dass die Bastaixos den langen Weg, den Kopf nur mit einer Capçana, einer gepolsterten Haube, geschützt, den Rücken völlig zerschunden, bewältigt haben sollen, ruft große Bewunderung hervor. Den ganzen Weg über durften sie den Stein nicht absetzen, denn da wäre keiner gewesen, ihn wieder hoch zu wuchten. Doch viele Bastaixos sollen diese Qualen immer dann, wenn sie nicht arbeiten mussten, auf sich genommen haben, so überzeugt waren sie vom Projekt der Santa Maria del Mar. So trugen sie buchstäblich ihren Teil zur Volkskirche bei. Zum Dank verewigte man sie auf dem Eingangsportal der Kirche. Seht ihr auf den Türen zwei kleine Männer aus Messing, den einen eine Kiste, den anderen eine Amphore auf dem Rücken tragen? Das sind Bastaixos!

Heutzutage zweifeln manche daran, dass die Männer den kompletten Weg vom Steinbruch bis zur Baustelle am Stück zurück gelegt haben. Man vermutet, dass zwischen dem Fuß des Berges und dem Hafen Schiffe eingesetzt wurden. Doch der Faszination an der Arbeit der Bastaixos tut dies keinen Abbruch.

Die Tatsache, dass so viele Bewohner des Viertels Geld oder Kraft gaben, um Santa Maria del Mar fertig zu sehen, sorgte für die schnelle Bauzeit – und dafür, dass viele, mich eingeschlossen, diese Kirche des Volkes besonders gern mögen.

Zusätzlich hat sie dank ihrer schnellen Fertigstellung in meinen Augen einen ganz besonderen Reiz, denn sie besitzt kaum fälschende Stilelemente. Ihr erinnert euch sicher an die Kathedrale und dass ihr im 20. Jahrhundert eine neo-gotische Fassade vorgesetzt wurde? So etwas hat es bei Santa Maria del Mar nicht gegeben. Trutzig und ganz und gar katalanisch gotisch steht sie da. Viele Besucher wundern sich, warum sie im Vergleich zu gotischen Kirchen aus Deutschland, England oder Frankreich so schlicht ist. Es fehlen spitze Türme, es fehlt die gewohnte Höhe und Schlankheit. Aufstrebend ist die Gotik normalerweise, sie reckt sich „in Richtung Gott“ – doch Santa Maria del Mar ist eher massiv, wuchtig und breit. Ihre Türme haben Flachdächer, Glasflächen fallen spärlicher aus als andernorts in Europa. Warum ist das so?

Das schlichte Äußere ist dadurch erklärt, dass die Katalanen die Gotik anders interpretierten. Die Baumeister Kataloniens wussten wohl, was im Rest Europas errichtet wurde. Doch sie sollen die langen Kirchenschiffe, in denen ganz am Ende, in weiter Entfernung, der Altar stand und in denen Menschen sehr hierarchisch hintereinander sitzen mussten, nicht gemocht haben. Sie wollten Gotteshäuser bauen, in denen man gleichberechtigt sitzen konnte. So wurden die katalanischen Kirchen breiter, ihre Innenräume offener und weiter. Das sehr schlichte Dekor liegt darin begründet, dass die Baumeister des katalanischen Mittelalters sich an den Gebäuden des Zisterzienser-Ordens orientierten. Sie waren der Meinung, schlichte Gebäude fänden bei Gott mehr Gefallen. Darum ist das Haupteingangsportal von Santa Maria del Mar mit seinem wunderschönen Rosettenfenster noch der prächtigste Gebäudeteil, während die Seitenfassaden sehr einfach gehalten sind.

Auch der Innenraum des Gotteshauses ist – für südeuropäische Kirchen völlig untypisch – sehr leer, beinahe karg. Man findet wenig Figürchen, Vergoldungen oder andere Ablenkung. Das Auge kann sich voll auf die Konstruktion der Kirche und ihre harmonischen Proportionen konzentrieren. Das hat einerseits mit der schon erwähnten Einfachheit der katalanischen Gotik zu tun, andererseits jedoch auch mit dem spanischen Bürgerkrieg, von dem ihr in einer anderen Geschichte werdet lesen können. Denn 1936, als Anarchisten den Putsch des faschistischen Generals Franco vorerst niederschlugen, setzten sie als Zeichen gegen die katholischen Eliten viele Kirchen in Brand. Auch Santa Maria del Mar brannte, ganze elf Tage sollen die Flammen hier gewütet haben. Alles Holz wurde vollständig zerstört und auch die Glasfenster hielten der langen Hitze nicht stand. Sie zerbrachen alle.

Bei der Restaurierung Jahre später entschloss man sich, nur wenig der ursprünglichen Dekoration zu ersetzen. So erscheinen die Kapellnischen heute sehr leer und das Kirchengewölbe ist zum Teil noch schwarz vor Ruß. Wie die Plaça de Sant Felip Neri, über die ich in einem späteren Kapitel schreiben werde, so ist auch Santa Maria del Mar stumme Zeugin des Spanischen Bürgerkrieges.

Ende der 1960er Jahre setzte man neue Fenster ein. In einem von ihnen findet ihr etwas höchst Ungewöhnliches – das Wappen eines Fußballvereines! Dabei handelt es sich natürlich um den FC Barcelona, von dem ihr im Buch noch etwas erfahren werdet. Aber was macht das Logo dort? Der beliebte katalanische Fußballclub wollte seinen Beitrag zum Wiederaufbau leisten und spendete etwas Geld. Zum Dank wurde ein kleines Barça-Wappen in eines der Bleiglasfenster eingefügt! Ein Grund mehr also, die wunderschöne Kirche zu besuchen. Ihr müsst sehr genau hinschauen (oder eine Kamera mit gutem Objektiv besitzen), um das Logo zu finden. Ein kleiner Tipp: Es befindet sich, wenn ihr die Kirche übers Hauptportal (mit den Bastaixos) betretet, im hinteren linken Teil. Um eure Entdecker-Freuden nicht zu trüben, verrate ich euch hier noch nicht mehr. Aber falls ihr das Wappen nicht finden solltet, gebe ich euch am Ende dieses Buches eine genaue Beschreibung. Viel Spaß bei der Suche und beim Bewundern der wunderschönen Kirche!

Steine, die Geschichten hierzu erzählen, findet ihr...

- In und um die Kirche Santa Maria del Mar: *Plaça de Santa Maria 1, 08003 Barcelona* (BY)

Mann mit tragender Rolle: ein Bastaix der Santa Maria del Mar

19 Sprechende Schilder: Damen, Esel, schlechte Küche

Auch die zweite sprechende Straßenkreuzung befindet sich gleich um die Ecke von Santa Maria del Mar. Schaut einmal dort vorbei, wo die Straßen Carrer dels Ases, Carrer del Malcuinat und Carrer de les Dames aufeinander treffen. Diese erzählen euch einiges vom mittelalterlichen Leben am Hafen.

Ihr seht bestimmt, dass die Carrer dels Ases etwas breiter ist als die anderen beiden Straßen? Stellt euch hier Eselskarren vor, die Seite an Seite standen. Diese konnte man leihen – für eine Stunde oder auch für einen ganzen Tag – und damit sein Schiff entladen. Denn manchmal waren die Waren dann doch zu groß für die Bastaixos. Die Carrer dels Ases wird noch bis heute die Esels-Straße genannt!

Im Hafen ging es geschäftig zu. Man belud und entlud die Schiffe, man zog Fischerboote an Land und sortierte den Fang, man reparierte Netze oder Boote. Davon bekam man natürlich Hunger, doch viel Zeit hatte man nicht. Auch Geld war bei den Menschen, die im Hafen arbeiteten, eher Mangelware. Schnell und günstig musste das Mittagessen sein, Fast Food der mittelalterlichen Art. Hierfür boten einige einfache Restaurants die Möglichkeit, sich aus großen Pfannen und Töpfen, die auf breiten Fensterbrettern standen, selbst zu bedienen. Man verputzte seine Portion Eintopf, legte schnell etwas Geld hin und war schon wieder im Hafen.

Eines der Restaurants soll besonders günstig gewesen sein, aber trotz Kampfpreisen immer auch Fleischgerichte angeboten haben. Diese stanken jedoch oft zum Gotterbarmen, da der Koch sich auf den Märkten nur das besorgte, was am billigsten zu bekommen war: Innereien, Knochen, das schlechteste Fleisch, das es noch zu kaufen gab und andere Reste. Daraus soll ein widerlicher Eintopf entstanden sein, der schnell den Namen *Malcuinat, das schlecht Gekochte*, erhielt. So kam die Carrer del Malcuinat zu ihrem heutigen Namen!

Im Dreiklang der Straßen fehlt noch die Carrer de les Dames: die Damen-Straße. Man könnte vermuten, dass diese etwas mit dem Rotlicht-Milieu zu tun hatte. Das war jedoch nicht der Fall, obwohl hier immer wieder einige Damen gestanden haben sollen. Diese warteten jedoch nicht auf einen Kunden, sondern auf den Kapitän ihres Herzens. Denn auch die Damen-Straße führte geradewegs zum Hafen. Sie war windgeschützt und man hatte das Meer recht gut im Blick. Zog ein Gewitter auf, dann sollen sich hier Damen jeglicher Couleur, die damals als schwer vermittelbar galten, versammelt haben. Da fanden sich Prostituierte ein, Verkrüppelte oder auch als alte Jungfern bezeichnete Frauen (bei denen die Eltern es aufgegeben hatten, dass sie es mit ihren „schon" 20, 22 Jahren noch schaffen würden, einen Ehemann zu bekommen).

Grund dafür soll ein letzter Schwur bei Seemännern im Mittelalter gewesen sein. Geriet ein Kapitän bei einem schweren Unwetter in Seenot, so betete er zu allen Heiligen, die ihm einfielen. Half dies nicht, weil der Meeresgott besonders zornig war und war der Kapitän noch ledig, so griff er zum letzten Mittel: Er betete zu Gott und versprach ihm, dass er, sollten er und die Besatzung es lebendig in einen Hafen schaffen, die erste Dame, die er dort anträfe, zur Frau nehmen würde.

So fand sich also bei jedem Unwetter in der Damen-Straße eine Ansammlung armer Seelen ein, die hofften, glückliche Kapitäns-Braut werden zu können. Ob und wenn ja bei wie vielen von ihnen, es geklappt haben mag, ist leider nicht überliefert.

Steine, die Geschichten hierzu erzählen, findet ihr...

- In den Straßen Carrer dels Ases, Carrer del Malcuinat und Carrer de les Dames: *Carrer del Malcuinat, 08003 Barcelona* (BZ)

Wenn ihr das Ribera-Viertel besucht, wird euch sicher neben der Santa Maria del Mar ein Platz auffallen, auf dem eine moderne Skulptur steht. Sie ist sehr hoch und aus rotem Stahl und Granit gefertigt. Ihre geschwungene Form erinnert an eine Sichel und auf ihrer Spitze brennt eine ewige Flamme. Der Platz selbst ist etwas ungewöhnlich gestaltet, denn sein Pflaster senkt sich zur Mitte hin ab, so dass er an eine Grube erinnert. Es gibt zwar ein paar schattenspendende Bäume, doch es fehlen gemütliche Bänke oder Restaurant-Terrassen.

Dieser Ort scheint etwas Besonderes zu sein. Das seht ihr auch daran, dass an der Skulptur fast immer ein Blumenkranz angebracht ist. Auf der Bank, die das Monument einfasst, steht in großen Buchstaben geschrieben: „Al Fossar de les Moreres, no s'hi enterra cap traidor, fins perdent nostres banderes, serà l'urna de l'honor.“ Übersetzt bedeutet das: „Im Maulbeer-Grab liegen keine Verräter begraben. Bis unsere Flaggen eines Tages verloren sind, wird es die Urne der Ehre sein“. Wer mag hier also begraben worden sein, und wann?

Im 12. Jahrhundert soll an diesem Platz ein Friedhof mit einer etwas sonderbaren Gründungslegende angelegt worden sein. Das Land neben der Kirche gehörte einem reichen Bürger namens Marcús. Dieser besaß im Ribera-Viertel viele Grundstücke und war außerdem Betreiber eines Hotels, eines Krankenhauses für Arme und der ersten Poststation der Stadt. Eines Tages soll ein Vertreter der Pfarrei bei Marcús vorgesprochen haben. Er bat ihn, ein Stück Land, das an die Kirche grenzte, zu spenden. Man brauche einen neuen Friedhof, so argumentierte er. Marcús war zwar sehr wohlhabend, jedoch auch geizig. Er soll zur Bedingung gemacht haben, dass in den folgenden sieben Tagen jemand aus dem Viertel sterben müsse und dort beerdigt werden solle. Träfe dies ein, so erhielte die Kirche das Land. Am siebten Tag war noch immer niemand gestorben. So ging Marcús zornig in Richtung Pfarrei um mitzuteilen, dass er sein Land nicht hergäbe. Er stapfte durch den Maulbeerhain auf seinem Grundstück (*Moreres* heißt nämlich nichts anderes als *Maulbeeren*). Doch Marcús war nicht mehr der Jüngste. In Eile und zornig wie er war, soll er einen Herzinfarkt in diesem Maulbeer-Wäldchen erlitten haben. So war er selbst der für den Schwur benötigte Tote innerhalb der sieben Tage! Das Versprechen wurde eingelöst und Marcús' Land ging in die Hand der Kirche über. Das sogenannte Fossar de les Moreres, das Maulbeer-Grab, wurde angelegt und Marcús als Erster dort bestattet.

Doch in Marcús' Geschichte geht es noch nicht um Patriotismus und Ehre. Das Maulbeer-Grab erhielt seine besondere Bedeutung für viele Barcelonesen erst im 18. Jahrhundert. Grund dafür war der sogenannte Spanische Erbfolgekrieg. In diesem kämpften Spanien und Frankreich gegen eine Allianz aus England, Portugal, Dänemark, den Niederlanden, Österreich und Katalonien. Auslöser war der Tod des Spanischen Königs, Carlos II., ohne Nachkommen im Jahr 1700. Daraufhin versuchten beide Allianzen, einen Thronfolger ihrer Wahl durchzusetzen. Der Krieg endete 1713 mit dem Friedensvertrag von Utrecht, Felipe V., der Wunschkandidat Spaniens und Frankreichs, wurde König von Spanien und die ehemaligen Verbündeten Kataloniens zogen ihre Truppen ab.

Die Katalanen gaben ihr Land jedoch nicht kampflos auf und leisteten Widerstand. Die Armee aus Spaniern und Franzosen belagerte Barcelona nach dem offiziellen Ende des Krieges noch 15 Monate lang. Doch die Barcelonesen hielten erbittert die Stellung. Die letzten Monate des Krieges waren besonders blutig. Zu diesem Zeitpunkt waren viele der katalanischen Soldaten bereits gefallen und die Stadt wurde von einer Mischung aus Soldaten, Studenten, Handwerkern, Fischern und Beamten gehalten. Viele dieser Männer waren schon deutlich zu alt um noch zu kämpfen, andere eigentlich viel zu jung. Im September 1714 sollen etwa 40.000 spanische und französische Soldaten die Stadtmauern von Nord-Osten aus angegriffen haben – während nur noch etwa 4.000 „Mann" im Innern der Mauern versuchten, diese zu verteidigen. Ein aussichtsloser Kampf!

In diesen letzten Wochen starben Barcelonas Verteidiger in großer Zahl. So viele Tote auf einmal konnte man in den städtischen Friedhöfen nicht bestatten, darum soll am Maulbeer-Friedhof ein Massengrab ausgehoben worden sein. Man soll diese Stelle gewählt haben, da sie ganz in der Nähe des Bereichs der Mauer lag, um den die erbittertsten Kämpfe stattfanden. Bis zu einer Tiefe von acht Stockwerken, so sagt man, musste man zu Beginn ins Grab hinabsteigen. Am Ende der Schlacht soll die tiefe Grube dann jedoch beinahe voll gewesen sein.

Am 11. September 1714, dem Tag, der für die Katalanen bitter in die Geschichte einging, endeten die Gefechtshandlungen, denn die Mauer wurde durchbrochen und die Stadt gestürmt. Unter der Herrschaft Felipe V. folgten Hinrichtungen, Strafmaßnahmen wie das Verbot der katalanischen Sprache in Schulen, Universitäten und Literatur sowie die Errichtung einer Zitadelle. Über dieses verhasste militärische Bauwerk erfahrt ihr in einer späteren Geschichte noch etwas mehr. Die Toten im Maulbeer-Grab sollen an Ort und Stelle geblieben sein. Hundert Jahre später jedoch forderte ein neues Gesetz im Land aus hygienischen Gründen die Verlegung der innerstädtischen Friedhöfe vor die Tore der Stadt. So sollen auch die Verstorbenen des Maulbeer-Grabes umgebettet worden sein.

1886, als nach dem Fall der Stadtmauern, von dem ihr in ein paar Kapiteln werdet lesen können, ein neuer Nationalstolz aufkeimte, fand die erste sogenannte Diada in Barcelona statt. Am 11. September dieses Jahres gedachte man am Fossar de les Moreres des Tages, an dem Katalonien in den Augen vieler seine Unabhängigkeit verlor. Die Diada wurde zum Nationalfeiertag und bis zu Francos Machtergreifung gedachte man alljährlich der Toten des Spanischen Erbfolgekrieges. In Zeiten der Diktatur wurde diese Feier als zu klares Zeichen katalanischer Identität verboten. Doch 1976, im Jahr nach Francos Tod, konnte der 11. September wieder feierlich begangen werden. Über eine Million Barcelonesen fanden sich auf den Straßen ein und das tut eine ähnliche Zahl von Menschen auch bis heute noch jedes Jahr.

Am Abend vor der Diada trifft man sich traditionell am Fossar de les Moreres, wo seit 2001 das rote Monument mit der ewigen Flamme und dem Gedicht steht. Die Sichel-Form der Skulptur hat übrigens etwas mit einem Aufstand im Jahr 1640 zu tun. Da erhoben sich die Segadors, Schnitter genannte Bauern, gegen den damaligen spanischen Herrscher. Seit 1931 ist das Lied „Els Segadors" offizielle Nationalhymne Kataloniens und darf an keiner Diada fehlen. Der Feiertag selbst besteht meist aus einer großen Demonstration und verschiedenen Festakten, vor allem in der Altstadt.

Das Maulbeer-Grab ist mittlerweile einer der patriotischsten Orte in der Stadt. In Zeiten einer erstarkten Unabhängigkeitsbewegung in Katalonien ist er zusätzlich einer der kontroversesten geworden. Denn vielleicht ist euch aufgefallen, dass ich in dieser Geschichte oft Formulierungen wie *sollen... worden sein* verwendet habe? Das liegt daran, dass das Fossar de les Moreres für viele bis heute die Urne der Ehre ist – dass aber andere anzweifeln, dass es das Massengrab überhaupt gegeben hat. Für die Menschen, die nach einem unabhängigen Katalonien streben, gewinnt der Ort jedes Jahr noch etwas mehr an Bedeutung, während er den Gegnern der Bewegung ein Dorn im Auge ist. Ein schwieriger Platz im Herzen der Stadt, aber sicherlich einer, der zum Nachdenken anregt.

Steine, die Geschichten hierzu erzählen, findet ihr...

– Auf der Plaça del Fossar de les Moreres: *Plaça del Fossar de les Moreres, 08003 Barcelona* (CA)

21 Sprechende Schilder: Cappuccino und Anisschnaps

Für die dritte sprechende Schilder-Kreuzung stellt euch am Besten unter den Bogen der hübschen Carrer de les Caputxes (das wird wie *Kaputschas* ausgesprochen), dorthin, wo ihr auch die Straße mit Namen Carrer de l'Anisadeta sehen könnt. Hier gibt es nämlich einiges zu erzählen!

Zum Beispiel, dass ihr in einer sogenannten Carrer Negre, einer Schwarzen Straße, steht. Dieser Begriff nimmt darauf Bezug, dass aufgrund der Überbauung nur wenig Licht in die Gasse fällt. Ihr seht über euren Köpfen eines der Mittel, zu denen die Menschen in Barcelona im 18. Jahrhundert greifen mussten, als die Wohnungsnot zu groß geworden war. Nach dem verlorenen Spanischen Erbfolgekrieg war es verboten, außerhalb der Stadtmauern zu bauen. Doch die Menschen brauchten ein Dach über dem Kopf. Den ärmsten Leuten blieb nichts anderes übrig, als sich Baracken am Meer zu bauen. Hatte man etwas mehr Geld, so schuf man sich im engen Stadtgefüge bei Verwandten oder Bekannten etwas zusätzlichen Wohnraum. Die Carrers Negres waren eine der Methoden: Man mauerte Steinbögen in bestehenden Gassen und baute eine Art Brücken-Haus.

Eine zweite Möglichkeit, um noch etwas mehr Platz zu generieren, seht ihr hier auch: einen Fachwerk-Anbau an einem ehemals recht schmalen Haus. Dieser wird nach oben hin immer breiter – so fügte man dem Gebäude noch ein paar winzige Zimmer zusätzlich hinzu.

Aber ich will nicht nur von Ideen gegen die Wohnungsnot sprechen, die Straßenschilder selbst erzählen euch ja auch etwas! Die Carrer de les Caputxes zum Beispiel, die Kapuzen-Straße. Hier wurden im 16. Jahrhundert lange Mäntel mit Kapuzen gefertigt – sehr praktisch bei Wind und Wetter, gab es doch keine Regenschirme. Kapuzen-Mäntel könnt ihr hier heute nicht mehr erwerben, aber wenn ihr Lust habt, könnt ihr euch auf den Café-Terrassen einen Cappuccino servieren lassen... Klingt so ähnlich wie Caputxe? Stimmt, und kommt auch genau daher, denn ein Cappuccino sollte im Idealfall eine feste, weiße „Kapuze“ aus Milchschaum obenauf haben! Als Cappuccini werden in Italien übrigens auch die Kapuziner-Mönche bezeichnet, Ordensbrüder mit braunem Kapuzenmantel als Markenzeichen. Wieder einmal findet ihr die Erklärung für ein heute so gängiges Wort in vergangenen Zeiten!

Nebenan, in der Carrer de l'Anisadeta, gab es im ausgehenden Mittelalter sicher noch keinen schönen Cappuccino. Doch wen der Durst plagte (vor allem die Männer, die im Hafen schufteten), der kehrte kurz in die Kneipe in dieser Straße ein und bestellte einen Anisschnaps mit etwas Wasser. Von diesem namensgebenden Getränk erfrischt, fiel danach die Arbeit sicher viel leichter! Die Carrer de l'Anisadeta hat übrigens die zweifelhafte Ehre, die kürzeste Straße der Stadt zu sein. Nur vier Meter ist sie lang und vereint doch auf dieser kurzen Strecke ganze drei Straßenschilder!

Bevor ihr weiter bummelt, schaut in der Anis-Straße noch kurz nach oben, an die Häuser rechts der Kirche. Seht ihr ein kleines Boot dort hängen? Auch dieses Schiffchen bringt eine Geschichte mit. Es stammt noch aus Zeiten, als viele Menschen in Barcelona Analphabeten waren. Die erste Erhebung zum Thema Analphabetismus in Barcelona gab es im Jahr 1860. Das erschütternde Ergebnis: Mindestens 60 Prozent der Leute konnten nicht lesen und schreiben. In den 1920er Jahren prüfte man erneut, da waren es immer noch rund 30 Prozent. Wer nicht lesen und schreiben konnte, hatte es schon immer schwer. Man versuchte also selbst im 19. und 20. Jahrhundert noch, sich mit Symbolen zu behelfen, die alle verstanden. Für was stand nun das Schiffchen? Für einen Schneider! Dieser Mann soll Barco geheißen haben, das ist das spanische Wort für Schiff. Wollte also jemand ein Hemd bei genau diesem Schneider erwerben, konnte aber das Namensschild nicht lesen, so konnte er nach dem Schiffchen in der Nähe der Kirche suchen – und zufrieden einkaufen!

Auch Personen, die des Lesens nicht mächtig, aber auf der Suche nach Vergnügen waren, machte man das Leben mit Symbolen leichter. Ab dem 17. Jahrhundert füllte sich Barcelona mit spanischen Soldaten, die in ihrer Freizeit gern die örtlichen Bordelle (auf)suchten. Und da die wenigsten Soldaten besonders gebildet waren, kennzeichnete man die Freudenhäuser entweder, indem man die Fassade rot strich oder mit einer sogenannten Carassa. Dabei handelte es sich um Steinköpfe, die an der Hauswand angebracht wurden.

Ein sehr schönes Exemplar einer solchen Carassa könnt ihr ein paar Meter von hier entdecken! Folgt der Carrer dels Canvis Vells und schaut einmal in die dritte Gasse von rechts: Hier, in der Carrer de les Panses (der Rosinen-Straße), könnt ihr einen Satyr aus Stein entdecken! Auch in der Carrer de les Mosques (der Fliegenstraße) schaut euch ein verschmitzter Steinkopf an. Die in meinen Augen schönste Carassa hängt in der Carrer dels Mirallers (der Spiegelmacher-Straße). Diesen Schatz zu finden überlasse ich euch jedoch selbst!

Steine, die Geschichten hierzu erzählen, findet ihr...

- An der Kreuzung der Straßen Carrer de les Caputxes und Carrer de l'Anisadeta: *Carrer de les Caputxes, 08003 Barcelona* (CB)
- In der Carrer de les Panses: *Carrer de les Panses, 08003 Barcelona* (CC)
- In der Carrer dels Mirallers: *Carrer dels Mirallers, 08003 Barcelona* (CD)
- In der Carrer de les Mosques: *Carrer de les Mosques, 08003 Barcelona* (CE)

22 Weihnachtszeit in Barcelona – Etwas ganz Besonderes

In vielen Ländern der Welt ist es im Advent Tradition eine kleine Krippenszene aufzubauen, mit der man die Weihnachtsgeschichte darstellt. Da darf natürlich *La Sagrada Familia*, die Heilige Familie – Maria, Josef und das kleine Jesuskind – nicht fehlen, die sich im Stall ein Nachtlager errichtet hat. Ochse und Esel gehören ebenso dazu wie die Hirten vom Feld mit ihren Schafen, die gekommen sind, um Geschenke zu überreichen. Einen weiteren Weg hatten wohl die Heiligen Drei Könige aus dem Morgenland, aber auch sie schaffen es jedes Jahr in die Krippe, um Gold, Weihrauch und Myrrhe zu überreichen. Und dann sind da noch die Engel – damit ist der Figurenreigen üblicherweise komplett.

Ist das in allen Ländern so? Nein, denn in Katalonien fehlt noch ein ziemlich bedeutendes Figürchen, das im Hintergrund hockt. Und... mit herunter gelassenen Hosen sein Geschäft macht? Ja, ihr seht ganz richtig.

Dieses Männlein heißt Caganer und ich muss ihn wohl oder übel mit Kleiner Scheißer übersetzen. Für uns befremdlich, für die Katalanen so normal, dass er nicht nur bei den Familien zuhause zu finden ist, sondern auch in den traditionellen großen Weihnachtskrippen auf Plätzen der Stadt. Die beliebteste und oft schönste ist die jährlich neu gestaltete Krippe auf dem Rathausplatz, der Plaça de Sant Jaume. Selbstverständlich suchen auch hier Barcelonas Kinder jedes Jahr den Caganer – mit Erfolg!

Seinen Ursprung hat das Figürchen vermutlich im ausgehenden 17. Jahrhundert, als Barcelona selbst zwar schon eine recht fortschrittliche Stadt war, die vom Handwerk, der beginnenden Industrie und dem Seehandel bestimmt war, aber im Rest Kataloniens noch die Landwirtschaft dominierte. Auf dem Land spielte Verdauung, und vor allem ihr Endprodukt, seit jeher eine wichtige Rolle. Denn viel gesammelter Mist versprach gut bestellte Felder und damit eine reiche Ernte.

So soll der Kleine Scheißer als eine Art Fruchtbarkeitssymbol erdacht worden sein: Ein Männchen in der Tracht katalanischer Dorfbewohner (schwarze Hose, weißes Hemd und rote Mütze), das sich zu den traditionellen Krippenfiguren gesellte, in der Hoffnung auf ein ertragreiches neues Jahr. Und wer sich in der katalanischen Folklore so hartnäckig festgesessen hat, der bleibt natürlich auch in der modernen Zeit.

Mittlerweile werden Caganers in allen nur erdenklichen Varianten verkauft. Viele Prominente, bei weitem nicht nur aus Katalonien, bekommen ein Caganer-Ebenbild, ob sie wollen oder nicht. Es kann die deutsche Bundeskanzlerin ebenso treffen wie den amerikanischen und den russischen Präsidenten, Marilyn Monroe oder Albert Einstein genauso wie die komplette Mannschaft des FC Barcelona.

Die meisten auf diese Weise dargestellten Persönlichkeiten fühlen sich allerdings geschmeichelt und die kleinen Figürchen stellen ein originelles (und zugegeben, kurioses) Mitbringsel dar. Kaufen könnt ihr Caganers das ganze Jahr hindurch in verschiedenen Geschäften, vor allem in der Altstadt, zum Beispiel in der Carrer de la Llibreteria. Aber noch schöner ist es, ihr kommt direkt in der Weihnachtszeit. Dann ist die große Fira de Santa Llúcia vor der Kathedrale aufgebaut, Barcelonas Weihnachtsmarkt. Hier findet ihr zwar – leider – weder Glühwein noch gebrannte Mandeln, dafür aber Krippenbauzubehör in Hülle und Fülle und natürlich Caganers in allen Variationen.

Der zweite wichtige Protagonist beim katalanischen Weihnachtsfest, den man aber leider nur zur Weihnachtszeit kaufen kann, ist der Caga Tío. Ja, ihr hört richtig, auch er hat etwas mit gesunder Verdauung zu tun. Übersetzen muss ich ihn wohl mit, pardon, Kack-Onkel.

Die katalanischen Kinder lieben diesen aus einem kleinen, abgesägten Baumstamm hergestellten Tío mit freundlichem Gesicht, roter traditioneller Mütze und Stöcken als Vorderbeine sehr – denn er hat die Aufgabe, ihnen am Weihnachtsabend, dem 24. Dezember, Geschenke zu „machen". Damit das alles funktioniert, ist es Brauch, dass die Mädchen und Jungen ihren Tío, der am 8. Dezember in die guten Stuben der Familie Einzug hält, ordentlich füttern. Sie legen ihm Brot hin, auch mal etwas Obst und immer auch Wasser, damit der Gute eine ausreichende Grundlage für das hat, was am Weihnachtsabend passiert. Abends wird er mit einer kuscheligen Decke zugedeckt. Es versteht sich von selbst, dass der Tío nachtaktiv ist. Kommen die Kinder morgens zu ihm geflitzt, so hat er alles verputzt und wird weiter gefüttert.

An Heiligabend ist es dann soweit. So wie der Goldesel im deutschen Märchen Taler scheißt, so soll der Tío nun Geschenke produzieren. Die Kinder singen ihm zur Überredung zuerst ein fröhliches kleines Lied, in dem sie ihn unter anderem bitten, doch Torró, eine Art Nougat, zu machen.

Aber damit noch nicht genug – der arme Tío wird dann auch noch mit Prügel überzeugt. Wo wir also „Oh du Fröhliche!" anstimmen, da erschallt es in den katalanischen Häusern an Weihnachten:

„Caga tió, d'avellanes i torró; tant si cagues com si no et donaré un cop de bastó. Caga tío!", was so viel bedeutet wie

„Kack, Onkel, Mandeln und Torró; wenn nicht, dann hau ich dich mit dem Stock. Kack, Onkel!" Die Kinder singen und hauen ihm gleichzeitig so lange mit Holzstöcken auf den Rücken, bis die Eltern (die die ganze Prozedur oftmals sehr lautmalerisch unterlegen – ein Spaß für die ganze Familie!) sagen, dass es nun aber gut sei. Sie ziehen die Decke des Holzklotzes weg – und voilà, da liegt die ersehnte Bescherung!

So richtig glauben, dass diese Tradition auch heute noch praktiziert wird, konnte ich es erst, als ein guter katalanischer Freund mir ein Video seines Sohnes gezeigt hat, in dem der Kleine, kaum höher als der Stock, den er in der Hand hält, gleichzeitig singt und den Tío verhaut. Höchst eigenartig und vor allem pädagogisch nicht ganz wertvoll, fand ich es zu Beginn. Was bringt man den Kindern da bei?! „Wenn du etwas von jemandem willst, dann musst du ihn zuerst ordentlich füttern und dann verhauen"?!

Auf meiner Suche nach den Ursprüngen dieses Brauches, der möglicherweise bis in 18. Jahrhundert zurückreicht, bin ich dann aber auf recht gute Begründungen gestoßen. Eine davon besagt, dass ein großer Klotz Holz früher für ganz wichtige Geschenke gesorgt hat: Er hat in der Feuerstelle Licht und Wärme produziert. Und eine andere, dass man ein Tier, sagen wir ein Schwein, für Geschenke in Form von Wurst und Schinken (beides sehr beliebt in Katalonien) zuerst ordentlich füttern und dann eben schlachten muss. So lernen die Kinder vielleicht anhand des Tío relativ früh etwas darüber, wie das mit dem Kreislauf der Nahrungsmittel funktioniert – und das ist dann pädagogisch gesehen wiederum vielleicht doch gar nicht so schlecht?!

Steine, die Geschichten hierzu erzählen, findet ihr...

- Im Geschäft Travitabac: *Baixada de la Llibreteria 8, 08002 Barcelona* (CF)
- Zur Weihnachtszeit auf dem Rathausplatz: *Plaça de Sant Jaume, 08002 Barcelona* (CG)
- Zur Weihnachtszeit auf dem Markt Fira de Santa Llúcia: *Avinguda de la Catedral 8, 08002 Barcelona* (CH)

23 Barcelonas weise Könige – Das wichtigere Weihnachten

Vielleicht ist euch im alten Hafen der Stadt, Moll de la Fusta genannt, schon ein besonders schönes Boot aufgefallen, ein eleganter weißer Dreimaster, der so aussieht, als hätte er trotz aller Pracht schon einiges gesehen auf den Weltmeeren?

Das ist das sogenannte Pailebot Santa Eulalia – ihr seht, ohne Eulalia geht es doch nicht! – erbaut im Jahr 1918, das in seiner aktiven Zeit zum Beispiel zweimal nach Kuba und zurück gesegelt ist. Ab 1997 restaurierte die Stadt Barcelona das Schiff liebevoll. So kann es heute erneut wichtige Fahrten übernehmen. Die Santa Eulalia bekommt nämlich jedes Jahr am 5. Januar die ehrenvolle Aufgabe, die heiligen drei Könige in die Stadt zu bringen!

In Katalonien heißen diese Herrschaften übrigens nicht die *heiligen* sondern die *weisen* oder *magischen Könige*: *Els Reis Mags*. Dies passt eher zu unserem Begriff der *Weisen aus dem Morgenland*. Magie vollbringen die drei Herren jedes Jahr – besonders für Kinder, für die der Feiertag am 6. Januar nach ihrem eigenen Geburtstag wohl den meist ersehnten Festtag darstellt.

Schon zur Ankunft im Hafen am Nachmittag des 5. Januar versammeln sich Jung und Alt und winken Caspar, Melchior und Balthasar zu, die in prächtigen Gewändern unter den weißen Segeln stehen. Selbst bei der durch den Januar-Wind oft recht unangenehmen Kälte lassen sich viele dieses Spektakel nicht nehmen.

Nach dem von Bord Gehen werden die Könige vom Bürgermeister der Stadt empfangen, der ihnen symbolisch einen Schlüsselbund reicht – wie sonst könnten die Drei auch ihre Geschenke in die Häuser der Familien bringen?

Dann verschwinden sie kurzzeitig – aber nur, um vom Boot in ihre Festwagen zu wechseln! Große Busse, voll beladen mit Leuten, verlassen den Hafen und fahren zum Startpunkt der sogenannten Cavalcada de Reis, des schönen Festtagesumzuges. Diesen könnt ihr euch ein wenig wie einen Karnevalsumzug vorstellen, nur festlicher, weniger feuchtfröhlich und noch mehr für Kinder gemacht. Jeder König bringt seinen kompletten Hofstaat mit, dazu auf großen Wagen Musik, (Papp-)Tiere, glitzernde Lichter und Girlanden, Konfetti und natürlich Süßigkeiten!

Auch in diesem Fest voller Rauxa steckt ein wenig Seny. Denn die klugen Eltern haben mit den Königen besprochen, dass die Kinder ihnen ihre Schnuller überreichen können! Ist ein Kind also der Meinung, es sei jetzt schon groß, so bringt es seinen Schnulli mit zum Umzug und gibt ihn den Gehilfen der Könige. Eine sehr hübsche pädagogische Idee!

Für die katalanischen Kinder sind die Heiligen Drei Könige das deutlich wichtigere und „ertragreichere“ Fest als Weihnachten, denn früher gab es eigentlich nur am 6. Januar Geschenke. In den letzten Jahren hat es sich allerdings dahingehend geändert, dass Kinder bereits an Weihnachten etwas geschenkt bekommen – und an den Heiligen Drei Königen dann noch mehr! Dies erklärt auch, warum das Weihnachts-Einkaufs-Gewimmel in Barcelona nicht am 27. Dezember mit dem ersten Umtauschen beendet ist, wie in Deutschland, sondern sich bis zum 5. Januar hält. Und wie!

Um sicher zu gehen, dass die Könige das Richtige mitbringen, schreiben die Mädchen und Jungen Wunschzettel, die vom Hofstaat des jeweiligen Lieblingskönigs mit langen Fangnetzen eingesammelt werden und flugs ins Wunsch-Postamt wandern. Nach dem aufregenden Umzug stellen die Kinder dann noch ihre Schuhe raus, zusammen mit etwas Wasser und Stroh (natürlich für die Kamele!) und hoffen, dass sie brav genug für viele Geschenke waren. Freche Kinder bekommen in Katalonien nämlich Kohle – kein Geld, nein, tatsächlich ein Stückchen „Kohle“ aus viel Zucker, Eiweiß und Lebensmittelfarbe, hart und nicht sehr hübsch anzusehen. Nun ja, immerhin sind die Zeiten vorbei, in denen man echte Kohle geschenkt bekam und dank der schwarzen Finger sofort als ungezogen gebrandmarkt war...

Alle zusammen, egal ob brav oder ungezogen, essen am 6. Januar einen speziellen ringförmigen Kuchen aus Hefeteig, den Roscón de Reyes, der mit kandierten Früchten und Hagelzucker belegt ist. Wer die kleine Königsfigur, die darin eingebacken ist, in seinem Stück findet, der wird das ganze kommende Jahr ein Glückskind sein. Wer allerdings stattdessen eine weiße Bohne entdeckt, der hat Pech – und muss den Kuchen bezahlen.

Steine, die Geschichten hierzu erzählen, findet ihr…

- Im Pailebot de Santa Eulalia, das man mit Eintrittskarte des Museu Marítim auch besichtigen kann: *Moll de Bosch i Alsina, 08039 Barcelona* (CI)

Das dritte Viertel, in dem ihr Steine für das Geschichtenmosaik sammeln könnt, liegt im Süd-Westen des Stadtkerns, auf der anderen Seite der berühmten Rambles. Es gehört zur Altstadt, auch wenn die meisten Bauten dort deutlich jünger sind als im Gotischen Viertel oder in La Ribera.

Der Bezirk trägt den klangvollen Namen *Raval* (das *v* wird hier wie ein weiches *w* ausgesprochen). Dieses Wort entwickelte sich aus dem arabischen Wort *rabad* (auch das *b* wird eher wie ein *w* betont): *Vorstadt.* Wie ihr ja schon seit der Geschichte der Rambles wisst, gibt es ein paar Wörter, die von den Mauren übernommen wurden. Als diese im 8. Jahrhundert in Barcelona herrschten, wohnten einige der Einwohner bereits in der grünen Vorstadt außerhalb der ehemals römischen Stadtmauer. Doch der Großteil des Raval bestand aus Feldern und Gärten.

Im 14. Jahrhundert änderte sich die Geometrie der Stadt. Denn auch eine zweite Stadtmauer (die das Gotische Viertel und La Ribera umfasste) bot inzwischen nicht mehr genug Platz für alle Bewohner. Darum plante man den Bau einer dritten Mauer, die das Raval-Viertel umspannen sollte. Im Jahr 1348 kam es dann aber zur Katastrophe – wie viele andere Städte in Europa wurde auch Barcelona von der Pest heimgesucht. Heute geht man davon aus, dass beinahe die Hälfte der Einwohner starb. Also plante man vorerst keine zusätzlichen Wohnsiedlungen. Die dritte Mauer wurde aber dennoch errichtet und der Raval zu einem von einer Stadtmauer geschützten großen Garten. Dieser sollte Barcelona im Falle eines Belagerungskrieges in brenzligen Zeiten als Vorratskammer dienen.

Die wenigen Bewohner des Raval im Mittelalter waren fast immer Personen, die man bevorzugt *vor* den Toren der Innenstadt sah: Die Kranken und Ärzte – denn man hatte zwar noch nicht verstanden, woher die Pest kam, dass sie aber ansteckend war, das schon. Die Metzger – denn mit rohem Fleisch und Blut zu hantieren, fanden die wenigstens Städter erbaulich. Und die Prostituierten – wobei die Bordelle nicht allzu weit von der Mauer entfernt errichtet wurden, sollten doch die Kunden nicht zu weit laufen müssen...

Doch auch Mönche und Nonnen ließen sich im Raval nieder, da sie dort Platz für ihre großen Klöster und Gärten fanden.

Diese Situation änderte sich ab dem späten 18. Jahrhundert recht schlagartig. Denn die industrielle Revolution brachte neue Technologien in die Stadt, von der Dampfmaschine über automatische Webstühle für die Textilproduktion bis hin zu den ersten Dampfzügen. Der Raval wurde zum Arbeiterviertel schlechthin. Fabrikbesitzer ließen dort ihre großen Produktionsstätten errichten und in direkter Nähe wurden Arbeiterhäuser gebaut – so lange, bis der Raval das am dichtesten besiedelte Viertel der Altstadt wurde. Die Tatsache, dass man die mittelalterlichen Stadtmauern bis 1854 nicht abreißen durfte, trug zur Verelendung bei. Die Lebens- und Arbeitsbedingungen der Fabrikarbeiter und ihrer Frauen und Kinder (die oft selbst in der Produktion schuften mussten) waren so schlecht, dass es nicht erstaunt, dass der Raval ab dem 19. Jahrhundert zum Zentrum der Arbeiterbewegung wurde. Als die Stadtmauern endlich fielen, sich aber am Elend der Menschen kaum etwas änderte, da fielen auch die ursprünglich aus Russland kommenden anarchistischen Prinzipien auf fruchtbaren Boden. Der Raval wurde zum Viertel der Gewerkschaften, der Anarchisten, der billigen Bordelle, der verrufenen Spelunken und der Hoffnungslosigkeit. Der Siegeszug der Elektrizität und des fließenden Wassers in den Häusern kam hier erst sehr spät an. Noch in den 1960er Jahren hatten 12 Prozent der Haushalte kein fließendes Wasser! Gewalt, Armut und Analphabetismus waren an der Tagesordnung.

Der Poet Maragall fasste es treffend zusammen:

„Hier hast du diese Rambla, die so schön ist, und dort drüben, gleich neben ihr, viel breiter, viel fiebriger, die Rambla der Armen, die im Dunkel ihrer höllischen Lichter erzittert.“

Für gut betuchte Besucher muss das Viertel einen gewissen exotischen Reiz ausgestrahlt haben, denn immer wieder kamen „Touristen“, um sich das Elend aus nächster Nähe anzuschauen. Amerikanische Korrespondenten sollen so auch den Spitznamen des Süd-Raval geprägt haben: Barrí Chino – Chinesen-Viertel. Ein Chinesen-Viertel ohne einen einzigen Chinesen? Die Erklärung hierfür lag wohl darin, dass der dicht bevölkerte Bezirk voll rotem Licht die Schreiber an die China-Towns in den Staaten erinnerte. Obwohl eigentlich unpassend, blieb diese Bezeichnung für die Gegend rund um den Hafen lange bestehen. Ab den 1950er Jahren sollen auch amerikanische Soldaten der Sechsten Flotte, die in spanischen Häfen anlegte, durchaus ihr Vergnügen am Raval gefunden haben…

Doch für die Bewohner selbst blieb die Gegend elend, so lange bis im Zuge der Vorbereitungen für die Olympischen Spiele 1992 Verschönerungs- und Sanierungsmaßnahmen begannen.

2001 bekam auch der Raval eine eigene Rambla. Dieser langgezogene Platz, Rambla del Raval genannt, ersetzte fünf sanierungsbedürftige Häuserblocks. Doch hier gelang ein kleines Wunder: Die ehemaligen Bewohner konnten im Viertel bleiben, man suchte ihnen Ersatzwohnungen oder baute gleich neue Häuser! Darum genießt die Rambla del Raval bei den meisten Bewohnern des Viertels große Beliebtheit. Hätte man die Menschen einfach verdrängt, wäre das sicherlich anders. Aber so sitzen nun alte Damen zum Plausch auf den Bänken, Kinder aus Pakistan spielen Kricket, Obdachlose ruhen einen Moment aus und am Wochenende gibt es einen kleinen Markt, auf dem selbstgemachter Schmuck, Kleidung und Gerichte aus aller Herren Länder verkauft werden.

Auch das Rotlicht-Milieu (das man eigentlich hatte vertreiben wollen) ist noch da. Dass die Damen abends dann ihre Runden drehen, teilweise auch um das sehr moderne Vier-Sterne-Hotel Barceló, das gehört eben zum Raval…

Trotzdem gilt heute vielerorts, was auch für La Ribera gilt – es wird sauberer, neue Geschäfte und Restaurants ziehen ein, alte Bewohner aus. Im Norden des Raval prägen inzwischen moderne Museen, Studenten, Skater, kleine Boutiquen und vegane Bars das Straßenbild. Doch im Süden könnt ihr ihn teilweise noch finden, den rauen Charakter des ehemaligen Chinesen-Viertels. Geht also einfach mal auf ravalejar-Tour (das heißt: Lauft durchs Raval!) und entdeckt die vielen Kontraste!

25 Ein sehr spezielles Theater

Im Raval gibt es einen Ort, der mir ganz besonders gut gefällt. Eine Ruheoase, die Ohren, Augen und Füßen gleichermaßen gut tut, nachdem man einen ganzen Tag im quirligen Barcelona unterwegs gewesen ist. Ihr könnt dieses schöne Fleckchen sowohl durch die Carrer del Carme als auch durch die Carrer de l'Hospital betreten – und findet euch in einem verzaubert wirkenden Innenhof wieder.

Ehrwürdige Mauern, teils noch aus dem 15. Jahrhundert, steinerne Bogengänge, Orangenbäumchen, Statuen und ein Springbrunnen, dazu alte Herren beim Schachspiel, Lesende unter Bäumen, Studenten, Obdachlose und Besucher eines kleinen Cafés – Willkommen im Antic Hospital de la Santa Creu, dem Alten Hospital des Heiligen Kreuzes!

Dieses ehemalige Krankenhaus wurde im Jahr 1401 vom König mit dem schönen Namen Martí L'Humà, Martin der Menschliche, gegründet. In der Zeit nach der Pest sollte es Kranken die Möglichkeit geben, in grünerer Umgebung und größeren, helleren Räumen zu genesen und Ärzten bessere Arbeitsbedingungen in einem modernen Hospital ermöglichen. So fasste man die sechs bisherigen kleinen Krankenhäuser in einem für die damalige Zeit revolutionären Komplex zusammen, der im Laufe der Jahrhunderte immer weiter vergrößert und modernisiert wurde.

Im 20. Jahrhundert war das Hospital de la Santa Creu jedoch bei weitem nicht mehr auf dem aktuellen Stand der Technik. Man beschloss, vom Architekten Domènech i Montaner (ihr erinnert euch an den Schildkröten-Briefkasten?) einen neuen Komplex in der Nähe der Sagrada Familia planen zu lassen. Das Antic Hospital wurde im Arbeiterviertel des Raval immer mehr zum Krankenhaus der Armen, während die Reichen der Stadt sich in modernen Privatpraxen behandeln ließen.

Am 7. Juni 1926 brachte man einen vermeintlich Armen ins Krankenhaus im Raval, einen alten Mann, dem nach einem Zusammenstoß mit einer Straßenbahn zuerst niemand hatte helfen wollen. Erst der vierte Taxifahrer erklärte sich bereit, ihn zu einem Arzt zu fahren. Da keiner die Identität des Verletzten kannte, brachte er ihn ins Antic Hospital.

In einem großen Raum mit vielen Betten wurde dieser alte Mann notdürftig behandelt, niemand schien ihn zu vermissen, kein Familienmitglied suchte nach ihm. Erst am nächsten Nachmittag erschien ein junger Architekt, der überall nach seinem Chef gesucht hatte – und schlagartig war klar, wen man hier eingeliefert hatte: Es handelte sich um keinen geringeren als Barcelonas Meisterarchitekten Antoni Gaudí! Da dieser nie verheiratet war und keine Kinder hatte, hatten ihn nur seine Mitarbeiter vermisst. Die Leute bereuten es bitterlich, den sehr asketisch lebenden Gaudí in seiner lumpigen Kleidung nicht erkannt zu haben, doch aufgrund der eher mäßigen Pflege im Krankenhaus der Armen war ihm inzwischen nicht mehr zu helfen. Man bettete ihn noch in ein privates kleines Zimmer um, in dem er am 10. Juni 1926 starb. Den Flügel des Hospitals mit den ehemaligen Privatzimmern seht ihr im südlichen Innenhof rechts der kleinen Café-Terrasse. An der Außenfassade findet ihr auch eine Plakette, die an die Ereignisse von 1926 erinnert.

1930 wurde das Hospital geschlossen und seine Räume fanden eine neue Nutzung. Heute befinden sich hier das Institut für Katalanische Studien (das es sich zum Ziel gemacht hat die katalanische Sprache zu fördern), die Katalanische Nationalbibliothek, eine Stadtteilbücherei sowie Ausstellungsräume in der einstigen Kapelle. In der Stadtteilbücherei könnt ihr die alte gotische Architektur bewundern, vor allem die besonders weit spannenden, flachen Steinbögen, eine Spezialität der katalanischen Baumeister.

Ein kleines Café hat einen Teil des hübschen Innenhofs zu seiner Terrasse umgewandelt. Hier lässt es sich wunderbar bei einem Snack oder einem Wermut ausruhen und das bunte Treiben beobachten.

Aber dieses Kommen und Gehen ist nicht das Theater, das ich euch im Titel der Geschichte versprochen habe. Dieses findet ihr im zweiten, nördlichen Innenhof des Komplexes. Ihr müsst ein bisschen Glück haben – oder es im Voraus planen – um die Türen des barocken Seitenflügels geöffnet vorzufinden. Etwas Eintritt (aktuell 8 Euro) kostet es auch – doch dann findet ihr euch in einem Amphitheater der ganz besonderen Art wieder.

Zentrum dieses barocken „Theaters“ ist noch heute ein kreisrunder Saal, der in den unteren Reihen mit Stühlen der Holzklasse und darüber mit samtig gepolsterten Sitzbänken und plüschig-dunkelroten Vorhängen ausgestattet ist. In einer Galerie, hinter vergoldeten Jalousiengittern (welche zwar das Hinausschauen ermöglichen, das Hereinschauen jedoch verhindern), befinden sich die Logenplätze.

Ein grandioser Lüster sorgt für die nötige Pracht und erleuchtet einen Marmortisch im Zentrum des Kreises. Einen Marmortisch mit Ablauf... Denn ab 1762 konnten in diesem Amphitheater die Zuschauer an ganz speziellen Vorführungen teilhaben – an der Obduktion von Leichen!

Der bis heute Amfiteatre Anatòmic genannte Raum war Teil der Königlichen Katalanischen Akademie für Medizin, in der über Jahrhunderte Ärzte ausgebildet wurden. Doch bis 1762 musste man warten, um endlich auch menschliche Körper sezieren zu können – die Kirche hatte dies vorher strengstens untersagt. Diese neue Methode brachte dann schnell großen Fortschritt in der medizinischen Forschung mit sich. Man begann endlich zu verstehen, wie ein Mensch tatsächlich aufgebaut ist, worin die Ursachen für Krankheiten wie Cholera oder Tuberkulose lagen, die im 18. Jahrhundert noch an der Tagesordnung waren und wie man diese kurieren konnte.

Die unteren Ränge des Theaters waren den Studenten und ihren Professoren vorbehalten. In der Loge saßen, so sagt man, entweder Freaks mit viel Geld, die neugierig waren, aber unerkannt bleiben wollten – oder Nonnen, denen der Zugang zum Medizinstudium verwehrt war, die aber auch Kranke behandelten und so ungesehen mitlernen konnten.

Das Amfiteatre Anatòmic hat sich bis heute kaum verändert, auch der Marmortisch steht noch an Ort und Stelle. Doch es werden keine Leichen mehr seziert – statt dessen werden mittwochs und samstags (aktuell jeweils um 10:30, 11:30 und 12:30 Uhr) Führungen durch das Gebäude angeboten. Der Guide spricht katalanisch und spanisch, aber es sind auch Audioguides, unter anderem auf Deutsch und Englisch, erhältlich. Wer mag, bucht Freitag abends die ganz besondere Tour und erhält zusätzlich zur Information und zu einem Zauberspektakel noch ein Glas Sekt, der hier Cava heißt. Na dann – Ein Hoch auf das Leben!

Steine, die Geschichten hierzu erzählen, findet ihr…

- Im Antic Hospital de la Santa Creu: *Carrer de l'Hospital 56, 08001 Barcelona* (CJ)
- In der Reial Acadèmia de Medicina de Catalunya: *Carrer del Carme 47, 08001 Barcelona* (CK)

26 1854 – Wie Phönix aus der Asche

Sicher kennen viele von euch den Phönix, den mysteriösen, wunderschönen Vogel mit rot-golden glänzendem Gefieder, der das Reich der Legenden und Mythen bewohnt. Dieser hat eine kleine Besonderheit – denn er geht zu Sonnenaufgang durch die Glut der Sonne in Flammen auf und, das ist vielleicht noch überraschender, kann dann aus seiner Asche wieder auferstehen! Viele Bewohner Barcelonas müssen 1854 ihre Heimatstadt so empfunden haben wie einen Phönix. Denn in diesem Jahr wurde endlich damit begonnen, die Stadtmauern abzureißen. Darauf hatten die Barcelonesen lange verzweifelt gewartet, denn les muralles, die Mauern, waren zu einem verhassten Symbol für Unterdrückung geworden. Sie sorgten nicht mehr für den Schutz der Einwohner, sondern hielten diese und das Wachstum der Stadt vielmehr in Schach.

Grund dafür war der Spanische Erbfolgekrieg, von dem ihr im Kapitel des Maulbeer-Grabes schon etwas erfahren habt. Denn nachdem Barcelona am 11. September 1714 kapitulierte, begann eine Serie von rigiden Zwangsmaßnahmen.

Von einer dieser Maßnahmen möchte ich euch etwas mehr erzählen, nämlich von La Ciutadella, der riesigen Zitadelle, die Felipe V. errichten ließ. Ein gutes Drittel des Stadtteils La Ribera wurde dem Erdboden gleich gemacht, um anstelle der dort stehenden Häuser – und aus deren Steinen! – die Zitadelle zu bauen. Diese Militäranlage soll zur damaligen Zeit die größte Europas gewesen sein. Sie beinhaltete Kasernen, einen Gouverneurspalast, ein Waffenarsenal und weitere militärische Bauten. Zusätzlich zum Bau dieses Monstrums wurden das Kastell auf dem Montjuïc und die Stadtmauern verstärkt – Barcelona war unter Kontrolle. Es ergab sich damit die sonderbare Situation, dass eine Stadt am Meer sich mit Kastell und Zitadelle nicht gegen Angreifer von außen schützte, sondern im Gegenteil selbst von diesen Militärgebäuden bedroht wurde. Für den neuen König war es ab da deutlich einfacher, Aufstände im Inneren der Mauern niederzuschlagen: Er musste nur Anweisung geben und Kanonen aus Zitadelle und Kastell machten einer Revolte ein rasches Ende.

Als Ende des 18. Jahrhunderts die industrielle Revolution einsetzte – zu Beginn noch zaghaft, dann dank Dampfmaschine und Eisenbahn auf einmal rasend schnell – füllte sich Barcelona mit Arbeitern, die ihr Glück in den wie Pilze aus dem Boden schießenden Fabriken der Stadt suchten. Glück fanden sie keines, statt dessen Arbeitstage von bis zu 16 Stunden, schlechte Bezahlung, menschenunwürdige Arbeitsbedingungen, ungleichen Lohn für Frauen und Männer, Kinderarbeit und völlig unzureichende Behausung und Ernährung. Dennoch folgte eine Familie der nächsten in die Stadt. Das Versprechen, das ganze Jahr hindurch Arbeit zu finden und nicht, wie in der Landwirtschaft üblich, nur einige Monate, war zu verlockend.

Da das Verbot, außerhalb der Stadtmauern zu bauen, weiterhin Bestand hatte, platzte Barcelona schnell aus allen Nähten. Wohnten im Jahr 1759 noch etwa 70.000 Menschen dort, so waren es 1850 bereits 175.000 – die Einwohnerzahl hatte sich in einem Jahrhundert mehr als verdoppelt!

Mitte des 19. Jahrhunderts hatte Barcelona damit, bei einer Größe von nur 427 Hektar, 700 Einwohner auf den Hektar Fläche. Für mich sind bei solchen Zahlen Vergleiche sehr hilfreich: In Paris mit seinen damals 7.802 Hektar kamen 291 Einwohner auf einen Hektar, in Berlin mit 6.310 Hektar nur 189 Einwohner! Die Verhältnisse in Barcelona waren untragbar geworden und der Ruf „Abajo las murallas!“ – „Nieder mit den Mauern!“ wurde lauter und lauter.

Als die Zentralregierung im Jahr 1854 endlich dem Druck nachgab und die Erlaubnis zum Niederreißen der Mauern erteilte, war die Erleichterung der Menschen hör- und spürbar. Schnell wurden, wie auch später in Berlin, die „Mauerspechte“ aktiv: Menschen kamen mit allem Werkzeug, das sie besaßen, und trugen das Bollwerk schnellstmöglich ab.

Schon 1859 entstand ein Plan für die Stadterweiterung namens Eixample (von dieser werdet ihr in einigen Seiten mehr erfahren). Und da Barcelonas Einwohner nun freier atmen konnten, hatten sie auch wieder Muße – und Mut – die katalanische Kultur zu verbreiten. Es entstand eine Bewegung, die sich Renaixença, Wiedergeburt, nannte. Diese keimte zuerst in der Literatur auf. Es wurde wieder katalanisch geschrieben und gedichtet, in der Sprache, die 1714 verboten worden war. Schnell griff die Renaixença auch in anderen Bereichen des Alltags um sich, zum Beispiel in der Musik mit der Bildung katalanischer Chöre und Orchester. Und im sogenannten Modernisme, dem katalanischen Jugendstil, fand die Bewegung dann noch ihr Pendant in der Architektur. Man baute sozusagen katalanische Identität und berief sich in den Gebäuden gerne auch auf Formen aus dem Mittelalter, in dem es Katalonien wirtschaftlich und kulturell ja schon einmal sehr gut ging.

So erstaunt es wenig, dass der aus der Asche wiederauferstandene Phönix zum symbolischen Tier der Renaixença auserkoren wurde – und dass ihr ihn vor allem an Gebäuden aus der Zeit nach dem Mauerfall finden könnt!

Steine, die Geschichten hierzu erzählen, findet ihr...

- An der Casa Lleó i Morera: *Passeig de Gràcia 35, 08007 Barcelona* (BD)
- Auf dem Kuppeldach des Hauses La unió i el fénix: *Passeig de Gràcia 21, 08007 Barcelona* (CL)
- An den Balkonen der Casa Pia Batlló: *Rambla de Catalunya 17, 08007 Barcelona* (CM)
- Im Parc de la Ciutadella: *Passeig de Picasso 21, 08003 Barcelona* (AU)
- Im Born CCM, dem Zentrum für Kultur und Erinnerung, einem ehemaligen Markt, in dem ihr die Fundamente des abgerissenen Ribera-Viertels sehen könnt: *Carrer del Comerç 12, 08003 Barcelona* (CN)

– Am Palau Güell: *Carrer Nou de la Rambla 3-5, 08001 Barcelona* (CO)

27 Der Parc de la Ciutadella – Aus Grau wird Grün

In der vorigen Geschichte habe ich erzählt, dass 1854 endlich Barcelonas Stadtmauern abgerissen werden durften. Aber vielleicht habt ihr euch schon gefragt, was aus der riesigen Zitadelle wurde, die doch (mindestens) genauso verhasst war wie die Mauern? Nun, viele Reste davon werdet ihr heute nicht mehr finden, denn 1868 gab man auch sie (zum Großteil) zum Abriss frei.

Und die damaligen Stadtplaner taten etwas Erstaunliches: Sie erkannten die Notwendigkeit, der Bevölkerung eine grüne Lunge zu geben! Sie ließen zwischen der Altstadt und den Fabrikschloten im Norden auf dem nun frei gewordenen Gelände einen Park planen. Parc de la Ciutadella sollte er heißen, Zitadellenpark. Man schrieb einen Architektenwettbewerb aus, den Fontseré i Mestres gewann. Dieser Architekt hatte danach vermutlich keine Geldsorgen mehr, denn er wurde beauftragt, nicht nur den Park, sondern auch den ihn umgebenden Zaun, ein Gewächshaus, die Cascada Monumental (eine große Springbrunnenanlage, an der ihr den erwähnten Phönix findet!), das zugehörige Wasser-Reservoir und den neuen Markt im Born-Viertel (den heutigen CCM) zu gestalten.

„Reiß nicht ab, um zu zerstören. Reiß ab, um die Dinge schön zu machen", soll Fontseré i Mestres gesagt haben. Ich glaube, dass er diese Einstellung ernst nahm, denn die Grünanlage mit ihrem Teich, auf dem man Boot fahren kann, mit kleinen Wegen, verschiedensten Pflanzenarten, Vögeln und frischer Luft eroberte schnell die Herzen der Barcelonesen.

Die Planer rissen jedoch nicht alles ab: In der Nähe des heutigen Zoos finden sich noch drei Gebäude der ehemaligen Zitadelle. Diese wurden, ganz nach Fontseré, schöner gemacht. Sie wurden nicht nur saniert, sondern erhielten vor allem auch eine neue Nutzung. Spaziert einmal zur Ostseite des Parks. Dort findet ihr einen Platz, auf dem inmitten von im Kreis gepflanzten Hecken eine weiße Statue in einem Wasserbecken sitzt. Auf der einen Seite dieses Platzes stehen zwei etwas kleinere Gebäude, auf der anderen ein großes, sehr prunkvolles. Man sieht allen dreien an, dass sie aus Zeiten stammen, in denen man mit ihnen beeindrucken wollte, ihre Nutzung aber nicht ganz so schnell.

Bei der kleinen Kapelle – die heute auch immer noch als solche genutzt wird – fällt das Erkennen vielleicht am einfachsten. Rechts davon steht der ehemalige Gouverneurspalast, der ein neues Leben als Schule bekommen hat. Die größte Wandlung hat aber sicherlich das ehemalige Waffenarsenal durchgemacht, das ihr als prächtigen, zweistöckigen Gebäuderiegel gegenüber sehen könnt: Darin befindet sich heute das Parlament von Katalonien! „Was für eine schöne Umnutzung", denke ich jedes Mal. „Von Kanonen und Schießpulver zu Debatten und Demokratie!"

Für das Jahr 1888 erhielt der Park eine Umgestaltung und man ergänzte einige Gebäude – denn Barcelona war stolzer Austragungsort der ersten Weltausstellung auf spanischem Boden. Viele dieser Bauten waren nur temporärer Art, darunter der gewaltige Hauptpavillon. Doch einige ließ man bis heute stehen und sie machen das Areal noch schöner. Am Parkeingang findet ihr zum Beispiel das Castell dels Tres Dragons (das Kastell der drei Drachen – Sant Jordi, überall!) von Domènech i Montaner. Mit seinen schmiedeeisernen Turmspitzen, den Keramikschilden und dem Sichtmauerwerk wirkt es wie eine Burg aus dem Mittelalter – zeigt aber eine Spielart des katalanischen Jugendstil. Die mittelalterliche Optik verlieh dem Bau schnell den Spitznamen Kastell der drei Drachen. Zur Bauzeit führte man nämlich ein sehr populäres Theaterstück gleichen Namens auf, eine Parodie auf das Ritterleben, die bei den Barcelonesen äußerst gut ankam. Auch die Gewächshäuser Umbracle (Schattenhaus) und Hivernacle (Winterhaus) stammen aus diesen Jahren. Wenn ihr den Park besucht und die Tür zum Schattenhaus sollte offen sein (was man leider nie voraussagen kann), empfehle ich euch übrigens sehr, hineinzuschauen. Ihr findet euch in einer wunderschönen Atmosphäre aus Halbschatten, Holzlamellen und exotischen Pflanzen wieder und könnt einen Moment der Ruhe genießen.

Von der Weltausstellung stammt auch der Arc de Triomf, der Triumphbogen. Hier seht ihr die Glückstiere des Königs Jaume I., von dem ihr schon gehört habt. Der Name des Bauwerkes erinnert euch an Paris? Das stimmt, denn auch Barcelona wollte seinen Prachtbogen haben. Man wollte in alle Ewigkeit an eine grandiose und erfolgreiche Ausstellung zurückdenken können. Doch es war ausgerechnet die Stadt Paris, die diesem Traum ein Ende machte. Denn auch die Metropole an der Seine richtete eine Weltausstellung aus – im Folgejahr, 1889. Dort baute man nicht einen Park um – sondern errichtete gleich den Eiffelturm! Und da Paris, im Gegensatz zu Barcelona, damals schon weltbekannt und beliebt war, zogen es viele Aussteller vor, ihre besten und interessantesten Innovationen noch ein Jahr aufzuheben und dann einer breiteren Masse vorzustellen. Barcelona erhielt die B-Ware und die Pavillons füllten sich mit einem Sammelsurium von allerlei Kuriositäten. Finanziell war die Ausstellung in Barcelona ein Fiasko und man brauchte zehn Jahre, um die Schulden zurück zu zahlen. Aber es ist deutlich erkennbar, dass die Stadt dank 1888 ein an vielen Stellen schöneres und moderneres Gesicht bekommen hat.

Lust auf eine kleine Kuriosität zum Abschluss des Spazierganges durch den Park? Dann schaut doch noch zwischen der Kaskade und dem See vorbei. Dort steht, von hohen Bäumen umgeben, ein lebensgroßes... Mammut! Leider kein echtes, aber eine sehr naturgetreue Nachbildung dieses haarigen Elefanten-Vorgängers. Kinder klettern auf dem Rüssel herum und auch Erwachsene können oft nicht anders, als Fotos damit zu schießen. Aber was macht es hier?

Im Jahr 1906 beschloss der Geologe Font y Sagué, im Park einer Art erzieherischem Auftrag nachzukommen. Da weltweit immer mehr Dinosaurierknochen gefunden wurden, wollte er den Menschen zeigen, was für fantastische Kreaturen in der Urzeit die Region bevölkert hatten. Zusammen mit seinem Team plante er, insgesamt zwölf Dinosaurier und andere Wesen vergangener Zeiten in Stein und Beton errichten zu lassen. Doch leider starb der Wissenschaftler schon vier Jahre später und mit ihm das Projekt. So kam es, dass nur das Mammut realisiert wurde und bis heute bestaunt und beklettert werden kann. Kleine Modelle der anderen Kreaturen, die hätten folgen sollen, könnt ihr jedoch im Geologie-Museum (auch hier im Park) anschauen gehen.

Steine, die Geschichten hierzu erzählen, findet ihr…

- Im Parc de la Ciutadella: *Passeig de Picasso 21, 08003 Barcelona* (AU)

28 L'Eixample – Erweiterung in Richtung Moderne

Der Name des vierten Viertels im Geschichtenmosaik, Eixample, stellte mich bei meiner Wohnungssuche in Barcelona vor große Probleme: Ich hatte nicht die leiseste Ahnung, wie man ihn aussprechen sollte. Also fange ich dieses Kapitel mit ein bisschen Hilfestellung in Català an:

Ein *x* wird meist wie ein *sch* ausgesprochen, aus einem *a* wird gerne mal ein dumpfes *e* und ein *e* am Ende verwandelt sich häufig frech in ein *a*. Also haben wir hier kein *Eiksample* sondern eher ein *Eischampla*. Wenn ihr dies bei eurer Reise wisst, freuen sich die Barcelonesen bestimmt!

Das komplizierte Wort bedeutet nichts anderes als *Erweiterung*. Diese wurde geplant, nachdem im Jahr 1854 endlich Barcelonas Stadtmauern abgerissen werden konnten. Die Stadt schrieb einen Wettbewerb aus, viele Teilnehmer reichten Entwürfe ein und Barcelonas Stadt-Architekt Rovira i Trias gewann mit seinem zentralistischen Entwurf. Von der Altstadt ausgehend plante er sternförmige Straßenachsen in alle Richtungen und einen großen Triumph-Platz dort, wo sich heute die Plaça de Catalunya befindet...

Moment, ist das wirklich so? Ein Radialsystem ist euch vermutlich beim Landeanflug auf Barcelona oder auch auf Stadtplänen nicht aufgefallen? Stimmt – dieser Entwurf, der vor allem den alten Stadtkern glorifizieren sollte, wurde nicht realisiert. Rovira i Trias war zwar Gewinner in Barcelona – doch Madrid entschied, dass stattdessen der Plan eines Konkurrenten umgesetzt werden würde.

Dieser Mann, der zwar Katalane war, aber in Madrid studiert hatte, hieß Illdefons Cerdà. Wie auch sein Freund Narcis Monturiol, der etwas später im Geschichtenmosaik auftauchen wird, war er ein sogenannter Sozialutopist. Er glaubte an eine Gesellschaft ohne Eliten, getragen von der sozialistischen Idee. Diese Werte begleiteten ihn auch bei seiner

Arbeit. Nachdem er in Madrid seinen Abschluss erworben hatte, erstellte er in Barcelona, einer der damals am dichtesten bevölkerten Städte Europas, eine umfassende Analyse über die Lebensbedingungen der Menschen. Die Stadt war zu Beginn seiner Arbeit noch von den mittelalterlichen Stadtmauern eingezwängt, so dass die Umstände vor allem für die Arbeiterklasse fatal waren. Cerdà fasste in einem Buch, das 1856 erschien, den ganzen Katalog des Elends zusammen. Er berichtete über die Arbeitsbedingungen, die Gesundheit der Menschen und die Transportmöglichkeiten. In einem späteren Werk schrieb er darüber, wie Technologie die Bedingungen für die Arbeiterklasse verbessern solle.

Mit diesen Analysen im Hinterkopf und getrieben von seinen sozialistischen Ideen, erstellte also auch Cerdà einen Entwurf für das Eixample. Dieser unterschied sich grundlegend vom Konkurrenten Rovira i Trias und kam dadurch bei Barcelonas Bürgern, vor allem bei der Oberklasse und bei vielen Architekten, alles andere als gut an. Denn Cerdà legte kaum Wert auf die Altstadt, die in seinen Augen nicht zu glorifizieren, sondern zu verbessern war. Er ließ ein Raster von Gebäudeblocks, alle mit den gleichen Maßen, wie ein Schachbrett ungerührt um den Stadtkern herum fließen. Auch er plante einen großen Glorien-Platz, der heute Les Glòries heißt, jedoch nicht an der Verbindung Alt und Neu, sondern weit im Nord-Osten, dort wo sich die von ihm geplanten drei Hauptachsen Avinguda Diagonal, Gran Via de les Cortes Catalanes und Avinguda Meridiana treffen. Er wünschte sich eine Neustadt, 50 Mal so groß wie das bestehende Barcelona, mit einem immer noch erweiterbaren Raster. In dieser sollten alle, egal ob arm oder reich, zusammen, nebeneinander und unter guten Lebensbedingungen wohnen. Kindergärten und Schulen, Krankenhäuser, Märkte und Parks sollten gleichmäßig verteilt sein.

Überhaupt Parks – sein Eixample erträumte Cerdà sich so grün wie nur irgend möglich. Sein Wunsch war es, dass jeder der quadratischen Häuserblocks nur auf zwei Seiten bebaut würde, der Rest sollte zu Grünflächen für Jung und Alt entwickelt werden. Viele Bäume sollten für bessere Luft sorgen, die Straßen breit sein und in Kombination mit zwei großen diagonalen Achsen mehr Luftbewegung ermöglichen.

Eine sehr charakteristische Eigenschaft des Eixample sorgte ebenfalls für bessere Ventilation: Die Häuserecken wurden im Winkel von 45 Grad abgeschnitten. Diese Ecken, Xaflanes genannt, ermöglichten einen besseren Luftstrom. Zusätzlich konnte man die Kreuzungen viel besser einsehen, Unfälle vermeiden und Restaurant-Terrassen auf den tieferen Bürgersteigen errichten.

Die Häuser in Cerdàs Plan waren nur maximal 17 Meter hoch, so dass es neben guter Luft auch viel Licht für alle geben sollte. Für gute Beleuchtung wurde das Straßenraster nicht nach Norden ausgerichtet, wie sonst oft üblich, sondern nach Meer und Bergen. Eine schlaue Idee, denn so bekam jeder Teil des Hauses irgendwann am Tag etwas Sonne ab. Bis heute verabredet man sich, indem man die Kreuzung von zwei Straßen nennt, dazu Meer oder Berg und manchmal zusätzlich noch den Llobregat (den Fluss im Nord-Westen) oder den Besòs (den Fluss im Süd-Osten).

Ich wünschte, dass alles so gekommen wäre wie geplant! Aber ihr ahnt es sicher schon, die Wirklichkeit überholte Cerdàs menschenfreundlichen Plan rasch. Natürlich konnte selbst der größte Idealist nicht dafür sorgen, dass sich Arm und Reich tatsächlich zusammentaten. Mit dem Passeig de Gràcia und den ihn umgebenen Straßen entstand das sogenannten Quadrat d'Or. Dieses Goldene Quadrat zog die reichsten Familien der Stadt magisch an. Die Arbeiter hingegen mussten sich mit den entfernteren Ecken der Erweiterung zufrieden geben. Als in den 1880er Jahren ein Immobilien-Spekulationsboom einsetzte, musste Cerdà unglücklich mitansehen, wie zuerst die nur an zwei Seiten bebauten Blocks geschlossen wurden. Dann versiegelte man die Innenhöfe mit Garagen und Werkstätten und am Ende wurde seine Höhenvorgabe von 17 Metern ein ums andere Mal nach oben korrigiert.

Seht immer wieder einmal nach oben: Ihr werdet viele Häuser entdecken, die ursprünglich drei oder vier Stockwerke hatten, bei denen man dann aber im Laufe der Zeit noch weitere ergänzt hat. Oft sind auch auf den Dächern noch zusätzliche Aufbauten zu sehen. Ich denke mir manchmal: „Gut, dass Cerdà zumindest das ruhige Raster entworfen hat. So bleibt Wildwuchs an den Häusern zumindest in einem halbwegs geordneten Rahmen.“

Bei einem Spaziergang durchs Eixample besuchen die meisten hauptsächlich die wunderschönen Häuser aus der Zeit des Modernisme, des katalanischen Jugendstil. Natürlich werde ich euch von den Schönsten darunter später noch etwas erzählen. Aber ich finde es spannend, auch ein bisschen auf die Details der Stadtplanung zu achten. Die abgeschnittenen Gebäudeecken seht ihr bestimmt sofort, das von Cerdà gewünschte Grün leider weniger. Dafür sicher umso mehr den Kontrast zwischen sehr eleganten und sehr unprätentiösen Straßen, zwischen Gebäuden, die übersprudeln vor Details, und ganz schlichten Fassaden.

Sich vorzustellen, wie es in der idealen Ausführung ausgesehen hätte, fällt heute schwer. Doch es gibt zumindest ein paar Orte, an denen die Innenhöfe der Blocks noch frei von Bebauung sind. Schaut einmal in der Carrer de Roger de Llúria Nummer 56 vorbei. Traut euch in den Durchgang zum Innenhof und ihr findet euch im Jardín de la Torre de les Aigües, dem Garten des Wasserturms, wieder. Dieser steht dort nämlich bis heute in einem ansonsten unbebauten Patio! Zusätzlich zum kleinen Park verwandelt sich der Hof im Sommer in ein Mini-Freibad für die Anwohner.

Mittlerweile gibt es eine Initiative, die versucht, mehr bebaute Innenhöfe in Gärten zu verwandeln. Ich hoffe, dass dieses Zurückkehren zu Cerdàs Ideal zumindest im Kleinen realisiert werden kann! Außerdem testet Barcelona aktuell die Zusammenlegung von mehreren Blocks zu sogenannten Super Illas, verkehrsberuhigten Super-Inseln. Cerdàs menschenfreundliche Stadt kehrt also hoffentlich zum Wohle aller ein bisschen zurück!

29 „Urquina-wer?“ – Namen können Zungen brechen

Wenn ihr das Metro-System Barcelonas kennt, dann seid ihr über kurz oder lang bestimmt auch einmal an der Haltestelle mit dem herrlichen Namen Urquinaona vorbeigekommen. Gemein, falls ihr euch dort auch noch verabredet haben solltet. Denn über dieses Wort stolpert fast jeder. In dieser Geschichte möchte ich euch etwas über solch zungenbrecherische Namen erzählen und helfen, das Buchstabendickicht etwas zu entzerren. Fangen wir mit besagter Plaça d'Urquinaona an. Namensgeber war ein wie *Urki-na-ona* ausgesprochener Geistlicher aus der Stadt Cadiz, der mit vollem Namen José María de Urquinaona Bidot hieß. Dieser wurde 1878 Bischof von Barcelona. Vier Jahre später fiel ihm eine bedeutende Rolle zu: Er durfte am 19. März 1882 den ersten Stein der berühmten Sagrada Familia legen! Darum erinnert bis heute dieser Platz an ihn.

Direkt von dort in Richtung Meer geht eine der größten Verkehrsadern der Altstadt ab, die Via Laietana. Diese sorgt nicht nur wegen ihres Namens (den man etwa wie *Läi-etana* ausspricht), sondern auch wegen ihres geraden Verlaufs und der sie umgebenden moderneren Häuser oft für Verwirrung. Denn sie durchschneidet die Altstadt wie ein Messer ein Stück Butter und trennt so das Gotische Viertel und La Ribera sehr deutlich voneinander.

Das liegt daran, dass die Via Laietana erst von 1908 bis 1913 gebaut wurde – beziehungsweise die Gebäude dafür abgebaut! Für die teilweise bis zu 80 Meter breite Achse wurden nämlich über 2.000 Häuser abgerissen. Was mit den schönsten darunter geschah, wisst ihr ja schon seit der Geschichte über das Gotische Viertel. Hintergrund für diese Operation quer durch die Altstadt war die Idee, das wachsende Eixample mit dem Hafen zu verbinden. Und der Name? Er leitet sich vom Volk der Laietani ab, iberischen Ur-Ur-Ahnen der heutigen Barcelonesen, die ab etwa 600 vor Christus die Gegend besiedelten.

Als die Plätze und Straßen des Eixample benannt wurden, wählte man übrigens für alle Straßen, die hinab Richtung Meer führen, die Namen katalanischer Geistlicher, Poeten und anderer wichtiger Persönlichkeiten. Die Straßen parallel zum Meer wurden nach katalanischen Städten, ehemaligen Territorien sowie katalanischen Institutionen benannt. Kein einziger kastilischer (also spanischer) Name taucht auf, denn die Renaixença mit ihrem aufblühenden Nationalstolz war zu diesem Zeitpunkt in voller Blüte.

Einen weiteren kuriosen Namen hat die Carrer d'en Tantarantana. Ein langes Wort, das beinahe nur aus dem Buchstaben *a* zu bestehen scheint, für das wir im Deutschen aber einen recht ähnlich klingenden Begriff haben. Nur sind die *as* dann *äs*! Was mag das sein?

Populär wurde der Begriff nach 1714, als Barcelona im Spanischen Erbfolgekrieg kapitulierte und der König Felipe V. die Macht übernahm. Es soll so gewesen sein, dass königliche Dekrete von einem Botschafter in die Städte gebracht wurden. Dieser offizielle Botschafter kündigte sein Kommen lautstark an, mit einer Trommel oder aber mit einer kleinen Trompete. Könnt ihr es nun erraten? Die Leute nannten diesen Herrn abschätzig Tantarantana – wir würden sagen „Ach, da kommt schon wieder der Tätärätätä!"

Zu guter Letzt gibt es noch die beiden Hausberge mit interessanten Namen. Der erste ist nur 173 Meter hoch, so dass ich ihn bei Touren mit Schweizern und Österreichern immer auf *Hügel* korrigiert habe. Aber da er wie ein kleiner Tafelberg als Solitär an der Küste Barcelonas steht, wirkt er höher als er eigentlich ist. Dieser Berg wird Montjuïc genannt (und in etwa wie *Mun-dschuik* ausgesprochen). Sein Name leitet sich möglicherweise von den römischen Worten *Mons Iovis* ab. Diese bedeuten *Berg, der Jupiter gewidmet ist.*

Es könnte aber auch sein, dass der Begriff seinen Ursprung im Mittelalter hat, als noch Juden in Barcelona lebten. Dann entstand er vielleicht aus *Mont dels Jueus*, *Berg der Juden.* Dort oben befand sich vor vielen Jahrhunderten nämlich ein jüdischer Friedhof.

Der zweite Berg trägt den Namen Tibidabo, der beinahe wie aus einem Kinderlied klingt. Doch er leitet sich aus einer sehr ernsthaften Sprache ab – dem Latein! Mit seinen 512 Metern Höhe überragt er Barcelona im Nord-Osten. Selbst von Weitem könnt ihr die große Kirche Sagrat Cor, aber auch den Ende des 19. Jahrhunderts angelegten Vergnügungspark mit Achterbahn und Riesenrad erkennen. Im 12. Jahrhundert wurde der Tibidabo noch Adler-Gipfel genannt. Doch im 16. Jahrhundert, als die Mönche des Heiligen Jeronimo ein Kloster auf dem Berg errichteten, prägten diese den heutigen Namen. Denn sie erzählten sich, dass eine Szene aus dem Matthäus-Evangelium genau dort oben stattgefunden haben soll: Jesus und der Teufel sollen sich in einer kargen Landschaft getroffen haben und der Teufel soll versucht haben, Jesus zu verführen.

„Haec omnia tibi dabo si cadens adoraberis me“ – „All das werde ich dir geben, wenn du niederfällst und mich verehrst“, soll der Höllenfürst angeboten haben. Er meinte die herrliche Landschaft am Mittelmeer, die man vom Berg aus sah. Selbstverständlich ließ sich Jesus nicht in Versuchung führen. Ob die Szene aber tatsächlich auf dem Gipfel bei Barcelona stattfand, dafür gibt es keine Beweise. Doch aus dem Ausspruch des Teufels leitet sich seither der Name Tibidabo ab – der unter den Zungenbrechern immerhin derjenige ist, den man genauso aussprechen darf, wie man ihn schreibt!

Steine, die Geschichten hierzu erzählen, findet ihr...

- Auf der Plaça d‘Urquinaona: *Plaça d‘Urquinaona, 08010 Barcelona* (CP)
- Auf der Via Laietana: *Via Laietana, 08003 Barcelona* (CQ)
- In der Carrer d‘en Tantarantana: *Carrer d‘en Tantarantana, 08003 Barcelona* (CR)

- Auf dem Berg Montjuïc: *Montjuïc, 08038 Barcelona* (CS)
- Auf dem Berg Tibidabo: *Tibidabo, 08035 Barcelona* (CT)

Den im Jahr 1819 in Figueres geborenen Narcís Monturiol könnte man vielleicht auch den katalanischen Jules Verne nennen, denn er sprudelte nur so über vor Erfindergeist. Manchmal wagte er sich jedoch an Projekte, für deren Realisierung die Zeit leider noch nicht reif war.

Mit 26 Jahren beendete Monturiol sein Jurastudium – doch er arbeitete nie als Jurist, denn nach seinem Abschluss interessierte er sich zuerst deutlich mehr für moderne Politik. Monturiol war ein Idealist, er träumte von einer besseren und gerechteren Welt. Er sympathisierte mit sozialistischen Ideen und war erklärter Pazifist und Feminist. Wie viele intellektuelle Katalanen seiner Zeit träumte auch er von einer katalanischen Republik.

Zusammen mit Ildefons Cerdà, dem Planer der Stadterweiterung und anderen wichtigen Persönlichkeiten Barcelonas gehörte er dem Kreis der sogenannten Ikarianer an. Diese Gruppierung hatte die Hoffnung, dass es zur Bildung einer idealen Gesellschaft nach dem Vorbild des französischen Sozialutopisten Étienne Cabets kommen könnte.

Monturiols Strategie um seinen Ideen Gehör zu verschaffen war, mehrere Zeitschriften zu gründen, darunter „La fraternidad“ – „Die Brüderschaft“ – und „La madre de la familia“ – „Die Mutter der Familie“. In letzterer warb er für gleiche Rechte für Frauen und Männer – eine dieser Ideen, für die die Zeit noch nicht reif war. Eine weitere seiner Zeitungen, „El padre de la familia“ – „Der Vater der Familie“ – forderte unter anderem Arbeiterrechte und Gewerkschaften. Außerdem prangerte sie die furchtbaren Arbeitsbedingungen in den Fabriken an. Ihr könnt euch vorstellen, was mit diesen Magazinen geschah: Sie alle scheiterten aufgrund ihrer Unbequemlichkeit an der Medienzensur.

1848 musste Monturiol aufgrund seiner provokanten Ideen ins Exil nach Frankreich gehen. Dort widmete er sich anderen Themen, denn auch der technische Fortschritt begeisterte ihn. Mit dessen Hilfe, so seine Hoffnung, würde die Welt ein besserer, menschenfreundlicherer Ort werden. Er erfand einige kleinere Gerätschaften, doch 1856 begann er, an seinem größten Projekt zu arbeiten. Er hatte von einem Deutschen, Wilhelm Bauer, gehört, der ein erfolgreich tauchendes Unterseeboot entwickelt hatte! Dieses Projekt, See-Teufel genannt, sollte ursprünglich für militärische Zwecke eingesetzt werden. Bauer hatte es als Möglichkeit erdacht, Brücken ungesehen aus dem Wasser heraus anzugreifen. Sein Seeteufel machte 133 erfolgreiche Tauchfahrten, wurde aber im Krim-Krieg entgegen der ursprünglichen Planung doch nicht genutzt.

Monturiol jedoch, Pazifist wie er eben war, wollte keine Kriegsmaschine erfinden, sondern das Leben der Menschen verbessern. Als er 1857 im Ort Cadaqués Korallentauchern bei der Arbeit zusah und es zum tragischen Tod eines der Taucher kam, wusste er: Sein Unterseeboot sollte helfen, zum Beispiel bei der Korallenernte. Also sammelte er Gelder, vor allem von seinen Freunden, den Ikariern, setzte sich ans Reißbrett und 1859 war sein erstes Unterwasserboot realisiert. Monturiol taufte es Ictíneo 1 – Fisch-Boot 1.

Schaut einmal im Innenhof des Museu Marítim, des Schifffahrt-Museums, vorbei. Dort, wo ihr auch hervorragend einen Kaffee trinken könnt (Rambla-nah und doch gemütlich) steht ein Nachbau dieses ersten U-Boots Spaniens! Was heute wie eine Nussschale wirkt, bei der man sich – vielleicht zu Recht – fragt, ob man sich trauen sollte, damit tauchen zu gehen, war für Monturiol und seine Zeitgenossen eine Sensation! Denn die Ictíneo 1 absolvierte im Hafen Barcelonas tatsächlich einige erfolgreiche Tauchgänge. Ihr Erfinder nahm nicht nur Kollegen, sondern auch andere Passagiere mit auf kleine Ausflüge unter Wasser. Einer von ihnen schrieb später begeistert:

„Diese Stille, die den Tauchgang begleitet, das graduelle Verschwinden des Lichts, die große Masse Wassers, die die Sicht erschwert, die Bleiche, die das Licht auf die Gesichter legt, die Verlangsamung der Bewegungen in Ictíneo, die Fische, die draußen an den Bullaugen vorbeischwimmen –

all das rührt die Vorstellungskraft und zeigt sich im kurzen Atem und dem Flüstern der Crew“. Vermutlich verfasste er damit eine der ersten überlieferten Beschreibungen einer Fahrt im U-Boot überhaupt.

Da 1859 auch als Jahr der Renaixença, also der Wiedergeburt der katalanischen Kultur, in Barcelonas Geschichte einging, wurde Monturiol schnell zum gefeierten Helden der Bewegung. Man nannte ihn den Leonardo da Vinci Kataloniens und rasch stieg er zu einer von Patrioten gepriesenen Figur auf. Feiern zu seinen Ehren fanden statt und Glückwünsche von allen Seiten, Gedichte und Briefe zur Ermutigung erreichten ihn. Doch was Monturiol neben all dieser Begeisterung brauchte, war – Geld. Das einzutreiben fiel ihm jedoch schwer. In Madrid zum Beispiel schlug man ihm vor, das U-Boot als Kuriosität im Museum auszustellen, doch finanzielle Unterstützung konnte er von dort nicht erwarten.

Als Ictíneo 1, das noch von Menschenkraft betrieben wurde, nach dem Zusammenstoß mit einem Schiff sank (die Crew konnte sich anscheinend retten), entstand der Wunsch des Erfinders, ein verbessertes Nachfolgemodell zu bauen. Größer und wendiger sollte es werden, mehr Besatzung fassen – und vor allem maschinell betrieben sein! Doch große Ideen verlangen große Finanzierung. Monturiol musste für dieses Herzensprojekt Kredite aufnehmen. Sein Fortschrittsglaube jedoch war unerschütterlich und 1864 machte Ictíneo 2 seine ersten Tauchgänge.

Dieses Schiff war in der Tat eine Weltneuheit – das erste U-Boot mit Maschinenantrieb! In diesen Jahren wurde die Dampfmaschine immer populärer, doch sie hätte Monturiol nicht helfen können. Denn Ictíneo 2 allein mit Dampfkraft zu betreiben hätte bedeutet, dass durch die Verbrennung der Kohle nach und nach der Sauerstoff zur Neige gegangen wäre. Monturiol erdachte also etwas anderes, eine Art frühe Zink-Braunstein-Zelle: Eine chemische Reaktion zwischen Kaliumchlorat, Zink und Mangandioxid erzeugte Hitze, um das Wasser zum Kochen zu bringen, und als Abfallprodukt zusätzlich Sauerstoff für die Besatzung! Ictíneo 2 konnte nun also 7,5 Stunden lang tauchen, bot Platz für bis zu zwanzig Personen und war stromlinienförmiger als der kugelige Vorgänger. Doch auch das modernste Unterseeboot der damaligen Zeit schaffte es nicht, finanziell rentabel zu werden. Es regnete zwar erneut Komplimente, doch nur das Militär zeigte sich wirtschaftlich interessiert. Monturiols pazifistische Einstellung verbot ihm aber diesen Verrat an seinen Idealen.

Dass der Erfinder 1866 eine Zigarrenrollmaschine patentieren ließ, half ihm finanziell leider nicht weiter. So folgte ab 1868 sein wirtschaftlicher Niedergang. Seine Gläubiger verlangten die Rückzahlung der Schulden – doch der arme Monturiol hatte kein Geld mehr. Das einzige Objekt, das man pfänden konnte, war Ictíneo 2. Monturiol kämpfte darum, sein Schiff vor der Zerstörung zu bewahren. Er bot die potentielle Korallenernte eines ganzen Jahres an, um seine Schulden zurückzuzahlen. „Dieser Tag könnte entweder ein Trost für mich werden oder der traurigste Tag in meinem ganzen Leben“, soll Monturiol in der Verhandlung gesagt haben. Doch der Hauptkreditgebers glaubte nicht an die Korallen-Idee. Er pfändete das Boot, verkaufte die Holzteile als Brennholz und der Motor ging in die Hände einer Textilfabrik in Barcelona über. Es wurde zum traurigsten Tag für den katalanischen Jules Verne... Monturiol versuchte danach, in der Politik Fuß zu fassen, schrieb später aber desillusioniert:

„Die Zeit verfliegt, und ich bin am Ende meiner Karriere und muss all die Dinge anderen überlassen, die ich selbst hätte erreichen sollen. Seit 1869 war alles Hoffnung und nichts Realität.“

1885 starb Monturiol, ruiniert und komplett vergessen. Doch 1963 schuf einer der berühmtesten Bildhauer der Stadt, Josep Subirachs (der auch die Passions-Fassade der Sagrada Familia gestaltet hat), ein Monument zu Ehren des Erfinders. Seitdem steht ein Metall-U-Boot an der Kreuzung der Straßen Avinguda Diagonal, Carrer de Girona und Carrer de Provença. Den Grund kennt ihr jetzt – und auch die Geschichte Monturiols, die mich selbst so fasziniert hat...

Steine, die Geschichten hierzu erzählen, findet ihr...

- Im Innenhof des Museu Marítim: *Avinguda de les Drassanes s/n, 08001 Barcelona* (CU)
- Am „Monument a Narcis Monturiol“: *Avinguda Diagonal 394, 08037 Barcelona* (CV)

Ictíneo 1, die „Nussschale“ im Museu Marítim

31 Eine gepflasterte Unterwasserwelt

Eine Geschichte über Bodenfliesen? Das hört sich zunächst nicht sonderlich spannend an. Doch es handelt sich um besonders schöne Exemplare – von einem besonders bekannten katalanischen Architekten: von Antoni Gaudí höchstpersönlich! Der Meister hatte nämlich nicht nur ein Händchen für große Gebäude, sondern auch ein Auge für kleine Details, seien es Türknäufe, Fenstergitter oder eben Bodenfliesen. Allen Elementen am Bau maß er die gleiche Wichtigkeit bei. So kam es, dass er für seine beeindruckende Casa Batlló, von der ich euch natürlich noch berichten werde, spezielle Fliesen in Auftrag geben ließ. Traurigerweise für die Bewohner dieses Hauses kam es jedoch, vermutlich aufgrund des detaillierten Entwurfes, zu Verzögerungen bei der Produktion. So entschloss sich Gaudí, das nächste Projekt, die Casa Milà, mit den Fliesen auszustatten. Auch um dieses bekannte Gebäude geht es in einer weiteren Geschichte.

Im Jahr 2002 beschloss die Stadt Barcelona, diese ganz besonderen Fliesen, inzwischen Panot Gaudí genannt, erneut herstellen zu lassen – in deutlich größerer Auflage. Denn man hatte das ambitionierte Projekt, den Passeig de Gràcia, auf dem Gaudís berühmteste Wohngebäude stehen, komplett mit den schönen Fliesen pflastern zu lassen.

Pflaster spielte auf dieser Prachtstraße, die übersetzt Passage nach Gràcia heißt, eine wichtige Rolle. Denn mit dessen Hilfe wurde im Jahr 1821 ein vorher nur getretener Erdpfad langsam aber sicher zur besten Adresse der Stadt. Die Straße führte ursprünglich nur in das kleine Arbeiterstädtchen Gràcia, das heute als Stadtteil eingemeindet ist. Doch als ab 1853 Gasbeleuchtung installiert wurde und man die sogenannten Camps Elisis erbaute, entwickelte sie sich zum Tummelplatz für Reich und Schön. Hier seht ihr die Nähe des Katalanischen zum Französischen, denn *Champs Elysées* und *Camps Elisis* bedeuten das gleiche: Theater, Parks, Tanzpavillons und sogar eine Achterbahn säumten den Passeig de Gràcia. Wer etwas auf sich hielt, erschien um zu sehen, vor allem aber um gesehen zu werden. Man putzte sich, seine Gemahlinnen, seine Töchter und seine Pferde heraus und promenierte die Allee auf und ab. Der Historiker Victor Balaguer schrieb zu dieser Zeit kurz vor dem Fall der Stadtmauern:

„Die Mode hatte es gewählt, die Eleganz akzeptiert. Die Rambles und die Hafenpromenade begannen zu trauern, der Passeig de Gràcia triumphierte, und sein Sieg schien kein vergänglicher zu sein – im Gegenteil, er war höchst andauernd. Der Tag, an dem dieser unterdrückende Steingürtel, der sich selbst ‚Stadtmauern' nennt, fällt, um nie mehr wieder aufzustehen, wird der Tag sein, an dem der Passeig de Gràcia keine Rivalen mehr haben wird."

So kam es dann auch: Nach dem Mauerfall waren die Rambles abgelöst, die Bourgeoisie erklärte den Passeig de Gràcia zu ihrem liebsten Tummelplatz und ab den 1880er Jahren auch zum bevorzugten Wohnort.

Bis heute umgibt den Boulevard an vielen Stellen ein Hauch von Luxus. Das liegt nicht allein an den vielen teuren Boutiquen – Prada, Gucci, Versace und Hermès geben sich hier die elegante Hand – sondern vor allem an der prächtigen Architektur. Der Passeig de Gràcia bleibt die teuerste Straße Barcelonas und als 2002 die Gaudí-Fliesen darauf verlegt wurden, gewann er noch an zusätzlicher Schönheit.

Schaut euch diese hübschen, sechseckigen Fliesen einmal genauer an: Sie sind eines der besten Beispiele dafür, wie sehr Gaudí die Natur liebte. Schon als Kind an Rheuma erkrankt, war er dazu verdammt, mit wenig Bewegung auszukommen. Darum lenkte er seinen Fokus auf die Natur, die ihn umgab, sei es im Wald, auf der Wiese oder am Meer. Er begann, die Strukturen, die er vorfand, genau zu beobachten. Der Grundstein für viele seiner späteren Arbeiten war gelegt.

„Das große Buch der Natur ist immer offen und wir sollten uns zwingen es zu lesen", soll er einmal gesagt haben. Bei ihm war es aber sicher kein Zwang, sondern eine Begeisterung.

Die Detailgenauigkeit der Fliesen ist der beste Beweis. Ihr

seht schon in der Form eine Referenz an die Natur. Manche interpretieren die zusammengesetzten Sechsecke als Bienenwaben, andere als Schildkrötenpanzer. Und in jeder Fliese finden sich die Bauteile für drei Meereslebewesen, die man aneinanderlegen und so unendlich vervielfachen kann: einen Schlangen-Seestern, eine *Ammonit* genannte Meeresschnecke (von der heute nur noch Fossilien existieren) und die Knospe einer Seealge.

Ein bisschen Unterwasserwelt im Großstadtdschungel zu sehen kann manchmal sehr entspannend sein, finde ich.

Steine, die Geschichten hierzu erzählen, findet ihr...

- Auf dem Passeig de Gràcia: *Passeig de Gràcia, 08007 Barcelona* (BC)

32 Els Quatre Gats – „Nur vier Katzen“

Um das Café und Restaurant mit dem tierischen Namen Els Quatre Gats (Die Vier Katzen) zu finden, müsst ihr etwas tiefer in die kleinen Gassen des Gotischen Viertel eintauchen. Ihr lauft am einfachsten das belebte, von internationalen Modegeschäften dominierte Portal de l‘Àngel hinauf in Richtung der Plaça de Catalunya und biegt rechts nach Osten in die Carrer de Montsió ein. Das besondere Gebäude, welches das Café beherbergt, erkennt ihr sicher schnell: Dominiert von Skulpturen, Bleiglasfenstern und Schmiedeeisen, ist es eine der wenigen modernistischen Bauten in Barcelonas Altstadt. Gestaltet wurde es von einem der damaligen Stararchitekten, Josep Puig i Cadafalch, und es trägt den Namen Casa Martí. Fertiggestellt wurde es 1896 und im Erdgeschoss öffnete 1897 das Café Els Quatre Gats die Türen, das in Barcelona schnell überaus bekannt werden würde.

Die Idee, Künstlern und Bohemiens der Stadt einen Ort zu bieten, an dem sie sich in Ruhe austauschen könnten, an dem Lesungen, Ausstellungen, Theater, Schattenspiele und Wermut-selige Abende stattfinden würden und der insgesamt ein wenig den Duft der großen Welt ins kleine Barcelona brächte, stammte von einem Mann, der diesen Duft vorher schon genießen durfte – und wo sonst als in Paris? Pere Romeu hieß der „Glücksritter“, der im berühmten Pariser Künstlertreff Le Chat Noir gearbeitet hatte, bis die Bar 1897 ihre Pforten schloss. Da kehrte Romeu in seine Heimatstadt Barcelona zurück und wollte den Leuten das geben, was er in Paris nun schmerzlich vermisste. Zusammen mit seinen Freunden, den Malern Casas, Rusiñol und Utrillo, sammelte er das nötige Geld und begann mit den Arbeiten in der Casa Martí.

Vor der Eröffnung des Künstlertreffs waren die Menschen um Romeu herum größtenteils skeptisch, da es schon sehr viele Cafés und Bars in Barcelona gab. Man sagte ihm immer wieder „No vindrán ni quatre gats!“, was man zwar mit „Es werden noch nicht mal vier Katzen kommen!“ übersetzen könnte, was aber im deutschen wenig Sinn ergibt. Im katalanischen jedoch ist dieser Ausspruch auch gleichbedeutend mit „Es wird noch nicht einmal eine Handvoll Leute kommen!“. Dieses „Quatre Gats“ fand Romeu dann wohl sehr passend als Namen für seinen Laden – und dabei blieb es.

Entgegen aller Unkenrufe wurde das Café ein durchschlagender Erfolg. Alle bekannten Künstler der Stadt gaben sich die Klinke in die Hand und so mancher wagte hier seine ersten Schritte, wie zum Beispiel Pablo Picasso. Dieser präsentierte mit nur 18 Jahren seine erste kleine Ausstellung und durfte die Speisekarte gestalten, die ihr noch heute sehen könnt (die mit der riesigen Dame und dem winzigen Hündchen darauf).

Das Quatre Gats hielt sich bis 1903. Dann jedoch hatte Romeu, den ich ja zu Anfang als Glücksritter bezeichnet habe, zu große finanzielle Schwierigkeiten und musste das Café zum großen Bedauern seiner Stammgäste schließen. Jedermanns Freund, war Romeu zu gutmütig und außerdem kein besonders geschickter Geschäftsmann – eine schlechte Kombination. Er soll zu oft anschreiben lassen und zu selten große Eigeninitiative gezeigt haben. Was sein Freund Casas im großen Gemälde im ersten Raum noch mit Augenzwinkern dargestellt hatte – beide auf einem Tandem, Casas jedoch schwitzend vor Anstrengung, Romeu nonchalant und entspannt sein Pfeifchen rauchend, – scheint nach einigen Jahren traurige Realität geworden zu sein.

In die Räumlichkeiten zog ein anderer Künstlerverein, der so gestreng war wie die Bohemiens des Quatre Gats ausschweifend – der Cercle Artistic de Sant Lluc, der Künstlerzirkel des heiligen Lukas. Diese Gruppierung hatte mit Modernisme, Wermut und Exzessen nichts am Hut – viel mehr jedoch mit dem ab etwa 1910 folgenden Stil des Noucentisme, der (wieder einmal in der Baugeschichte) eine Rückbesinnung zur strengen klassischen Antike forderte. Der Zirkel wurde rasch so einflussreich, dass Künstler, die einen Auftrag ergattern wollten, ihm besser angehörten – oder das Nachsehen hatten. So schloss sich zum Beispiel auch der Künstler Joan Miró eine Zeitlang der Gruppe an (obwohl seine Werke so gar nicht klassisch waren, wie ihr später noch werdet lesen können...).

Mit Beginn des Spanischen Bürgerkrieges endete die Existenz des Zirkels – und damit auch der Betrieb des Quatre Gats. Der Ort verkam. Erst in den späten 1970er Jahren keimte die Idee auf, das Café zu restaurieren und neu zu eröffnen. 1991, pünktlich vor den Olympischen Spielen in Barcelona, war es dann soweit: Els Quatre Gats öffnete erneut seine Türen! Zwar sind die Zeichnungen und Gemälde heute großteils Kopien, aber dennoch könnt ihr in den sehr schönen Räumen einen Kaffee – oder einen Wermut – genießen und ein bisschen von dem Ambiente schnuppern, das Pere Romeu 1897 von Paris nach Barcelona importiert hat.

Steine, die Geschichten hierzu erzählen, findet ihr...

- Im Café Els Quatre Gats: *Carrer de Montsió 3, 08002 Barcelona* (CW)

33 Der FC Barcelona – „Wer hat's erfunden?"

Im Jahr 1899 kam ein junger Mann, gerade 22 Jahre alt, nach Barcelona, der in seinem Heimatland bereits Profifußballer gewesen war. Er stellte sich beim Català FC vor, da er auch in Katalonien weiter spielen wollte – und wurde aufgrund seiner ausländischen Herkunft abgelehnt. Hans Gamper kam nämlich aus der Schweiz und die Idee von einem internationalen Fußballteam war zu dieser Zeit in den Köpfen der Menschen leider noch nicht angekommen.

Doch was für Gamper zu Beginn ein Rückschlag war, sollte eine Erfolgsgeschichte des Sports begründen, die ihresgleichen sucht. Der Abgelehnte gründete kurzerhand mit einigen ebenso unerwünschten Freunden einen eigenen Verein. In der Sport-Zeitung „Els Sports" suchte er nach Spielern und schnell meldeten sich viele Fußballer, denen wie ihm zuvor der Zugang zum Català FC verwehrt worden war.

Am 29. November 1899 war es soweit: In der Carrer de Montjuïc del Carme Nummer 5 (an der Ecke mit der Carrer del Pintor Fortuny) wurde Sportgeschichte geschrieben: Gamper gründete offiziell einen neuen Fußballverein und er nannte ihn... FC Barcelona! Solltet ihr Fußballfans sein, so schaut doch einmal bei diesem Haus vorbei – eine Erinnerungs-Plakette an der Wand beweist diese Geschichte, die die Wenigsten kennen. Mittlerweile ist beinahe allen auf der Welt der FC Barcelona ein Begriff – doch dass dieser Club von einem Schweizer gegründet wurde, das ist für die meisten eine große Überraschung!

Gamper entwarf für seinen Verein natürlich ein Logo. Im Gründungsjahr 1899 trug es, neben dem roten Kreuz auf weißem Grund (auf dass Sant Jordi die Mannschaft beschütze!) auch die Fledermaus und die Krone von Aragó! Ihr erinnert euch an König Jaume I...? Ja, in Barcelona haben viele Legenden ihren Einfluss bis in die Neuzeit hinein.

1910 bekam das Logo eine neue Gestaltung. Dieser Version sieht es bis heute recht ähnlich, wenn man von der Form des Wappens einmal absieht. Ein Fußball wurde ergänzt und die Farben Rot und Dunkelblau erschienen als Streifen im Schild. Diese Farben wählte Gamper mit Bedacht und mit etwas Nostalgie – denn es waren die gleichen wie die des FC Basel, für den er in der Schweiz gespielt hatte.

Der Català FC und der neugegründete FC Barcelona wurden zu Rivalen und hier konnte nur einer gewinnen: Im Jahr 1920 musste der Català FC das Handtuch werfen. Der FC Barcelona hatte ihn an Popularität und auch an sportlichem Erfolg überholt.

Ein kleines Kuriosum aus der Anfangszeit des FC Barcelona möchte ich euch nicht unterschlagen: Die frühen Jahre prägten die Bezeichnung für die Fans des Vereins – *Die Hintern*!

Die Erklärung für diesen lustigen Namen ist, dass das erste Vereinsstadion auf seiner Tribüne nur Platz für gut 1.500 Zuschauer bot. Da der Club aber schnell deutlich mehr Bewunderer anzog, begannen Zuschauer, die keinen Sitzplatz hatten ergattern können, sich auf die das Stadion umgebende Mauer zu setzen. So ließ sich die Zuschauerzahl schnell auf bis zu 6.000 erhöhen. Ging dann außerhalb des Stadions jemand spazieren, so bot sich ihm ein seltsames Bild: *Culers* – katalanisch für *Hintern* – in einer Reihe auf der Mauer! Was zu Beginn nur der erstaunte Ausruf einiger weniger war, etablierte sich tatsächlich als offizielle Bezeichnung, und da das *r* im Wort ohnehin nicht betont wird, ließ man es einfach wegfallen. Also nennen sich Fans des FC Barcelona bis heute selbst stolz *Els Culés*.

1922 begann die Sportzeitung „Xut!“ Gampers Verein liebevoll Barça zu nennen. Dieser Kosename setzte sich schnell durch, fand seinen Weg in die Hymne des Vereins – und wurde in aller Welt bekannt.

Übrigens ist *Barça* nicht zu verwechseln mit *Barna*: Das erste Wort ist der Spitzname des Fußballvereins, das zweite (und nur das zweite) die Abkürzung des Stadtnamens! Viele verwechseln diese beiden Namen – ihr aber wisst nun, wie es richtig heißen muss.

Auch Gamper erhielt einen neuen Namen – sein Vorname wurde „katalanisiert“, aus Hans wurde Joan. Der ehemals Abgelehnte war nun quasi zum Ehrenbürger Kataloniens geworden. Er gab seiner neuen Heimat viel zurück, denn zu Zeiten der Diktatur unter Primo de Rivera, die von 1923 bis 1930 andauerte, protestierte auch er gegen den Machthaber. Ein Aufbegehren, das für ihn zeitweise Exil, für Barça eine halbjährige Schließung zur Folge hatte.

1929 war für Gamper ein sehr schwarzes Jahr, denn durch die Weltwirtschaftskrise verlor er sein komplettes Vermögen. 1930 setzte der verzweifelte Vereinsgründer seinem Leben ein Ende, er erschoss sich in seinem Haus in der Carrer de Girona Nummer 4. Tausende unglückliche Anhänger folgten seiner Beerdigungsprozession. Er wurde auf dem Friedhof des Montjuïc beigesetzt und zu seinen Ehren wird jährlich ein Turnier ausgetragen, bei dem der Sieger die „Joan Gamper Trophäe“ erhält.

Im Spanischen Bürgerkrieg und der darauf folgenden Diktatur brachen für den FC Barcelona erneut dunkle Zeiten an, denn der damalige Vereinspräsident, Josep Sunyol, wurde 1936 von Francos Männern hingerichtet. Zu deutlich war das Bekenntnis des Vereins und seiner Mitglieder zu Katalonien. Politik hatte ihren Einzug in den Sport gehalten und die Rivalität von FC Barcelona und Real Madrid war ab da bei weitem nicht mehr nur sportlicher Natur. Francos Regime, dem die katalanische Schreibweise *Barça* ein Dorn im Auge war, versuchte sich übrigens an einer Umbenennung in *Barsa*. Erfolglos!

Seit 1957 spielt der FC Barcelona im bekannten Stadion Camp Nou, welches schon jetzt mit seinen 99.354 Plätzen das größte Vereinsstadion der Welt ist. In den kommenden Jahren soll die Kapazität durch Umbauten auf insgesamt 104.000 Plätze vergrößert werden. Und Platz muss sein für Barça, denn es ist nun einmal „més que un club“: mehr als ein Club, eine Lebenseinstellung! Mittlerweile hat der Verein über 170.000 zahlende Mitglieder und das Rennen um eine Saisonkarte hat verrückte Züge angenommen. Im Oktober 2010 standen zum Beispiel 9.500 Personen auf der Warteliste für eine solche Saisonkarte – doch jährlich werden nur etwa 225 Plätze wieder frei. Nun ja, wer ein wahrer Culé ist, der wartet wohl auch 42 Jahre…

Steine, die Geschichten hierzu erzählen, findet ihr…

- In der Carrer de Montjuïc del Carme, Nummer 5: *Carrer de Montjuïc del Carme 5, 08001 Barcelona* (CX)
- Im Stadion Camp Nou: *Carrer d'Aristides Maillol 12, 08028 Barcelona* (CY)
- Auf dem Boulevard Les Rambles an der Font de Canaletes: *Font de Canaletes, 08002 Barcelona* (CZ)
- In und um die Kirche Santa Maria del Mar: *Plaça de Santa Maria 1, 08003 Barcelona* (BY)

34 Ein Zankapfel mitten in der Stadt

Viele verwenden den Begriff *Zankapfel*, wenige (mich lange Zeit eingeschlossen) wissen allerdings, dass dieses Wort in der griechischen Mythologie seinen Ursprung hat. Es soll nämlich eine Hochzeitsfeier auf dem Berg Olymp gegeben haben, bei der, wie auch im Märchen Dornröschen, alle eingeladen wurden – außer der bösen Fee. Diese böse Fee war im griechischen Fall Eris, die Göttin von Zwietracht und Chaos. Ärger wünscht sich keiner an seinem Hochzeitstag – also ging eine Einladungskarte weniger raus.

Doch Eris bekam mit, was da ohne sie vor sich ging. Rasend vor Wut erschuf sie einen goldenen Apfel – mit den Worten *Für die Schönste* darauf. Diesen warf sie unter die Feiernden, um dann vergnügt zu beobachten, wie ihr Plan anfing, Wirkung zu zeigen. Denn die Göttinnen Athene, Aphrodite und Hera entdeckten die glitzernde Frucht – und los ging der Zank um den Titel der Schönsten. Zeus, weise wie er war, wollte sich aus diesem Streit lieber heraus halten – und beauftragte Paris, den trojanischen Prinzen, das Urteil auszusprechen.

Der arme Paris wusste nicht recht was tun, denn alle drei Damen waren blendende Schönheiten. Aber Aphrodite hatte einen Vorteil – als Göttin der Liebe besaß sie eine mächtige Waffe. Sie versprach Paris für den Fall, dass er sie als Schönste auswählte, die Liebe der schönsten Erdenfrau.

Dieser Vorschlag beschleunigte Paris‘ Entscheidungsfindung enorm und Aphrodite wurde der Apfel überreicht. Doch dies hatte fatale Folgen. Denn die schönste Erdenfrau war damals Helena von Sparta, die Frau des dortigen Königs. Das Paris-Urteil soll den trojanischen Krieg ausgelöst haben, denn der trojanische Prinz entführte Helena kurzerhand und dies gefiel den Spartanern natürlich überhaupt nicht. Die Einzige, die sich an alldem erfreuen konnte, war die gerissene Eris.

In Barcelona gibt es ein Gebäudeensemble, das auch unter dem Spitznamen Manzana de la Discordia (was übersetzt Zankapfel bedeutet) bekannt ist. Es handelt sich um einen Häuserblock mit drei der schönsten Bauwerke des katalanischen Jugendstils, des sogenannten Modernisme. Ihr findet ihn auf dem Boulevard Passeig de Gràcia, in der Stadterweiterung Eixample. In dieser Erweiterung nennt man einen Häuserblock *Manzana*, also *Apfel*, weil er mit seinen im Winkel von 45 Grad abgeschnittenen Ecken auf dem Plan ein ganz wenig an die Frucht erinnert. Da genau dieser eine Block großen Streit auslöste, erhielt er seinen Spitznamen.

Selbst darüber, warum er Zankapfel heißt, streiten sich die Geister: Hier haben sich drei der wichtigsten katalanischen Architekten des Modernisme verewigt, um bestehende, vermeintlich langweilige Gebäude aus den 1860er und 1870er Jahren so umzubauen, dass sie zu strahlenden Unikaten wurden. Josep Puig i Cadafalch gestaltete 1898 bis 1900 die Casa Amatller zu einem wahren Hexenhäuschen um. Es folgte von 1902 bis 1906 Lluís Domènech i Montaner mit der floralen Casa Lleó i Morera. Und selbstverständlich durfte in diesem Dreiklang Antoni Gaudí nicht fehlen. Dieser baute von 1904 bis 1906 die Casa Batlló um, bis sie nicht mehr wieder zu erkennen war.

War das Ensemble also ein Zankapfel aufgrund der Konkurrenz zwischen den drei Architekten? Vermutlich nicht, waren diese doch auf dem Höhepunkt ihrer Karriere selbstbewusst und fürchteten die Kollegen nicht. Wurde es wegen des Streits der drei Familien, die alle das schönste Haus für sich reklamieren wollten, so genannt? Konnten sich Barcelonas Einwohner nicht einigen, welches das prächtigste Bauwerk war? Stritt man sich, da die drei Gebäude in ihren Stilen so gar nicht zueinander passen? Oder ärgerte sich mancher sogar, weil es ihm überhaupt nicht gefiel? Das bleibt bis heute unklar.

Sicher ist jedoch, dass ihr bei der Manzana de la Discordia die in meinen Augen beste Möglichkeit geboten bekommt, einen sehr guten Einblick in den katalanischen Jugendstil zu erhalten – für Architekturfans und Liebhaber des Symbole-Entschlüsselns ein Muss!

Steine, die Geschichten hierzu erzählen, findet ihr...

- An der Casa Lleó i Morera: *Passeig de Gràcia 35, 08007 Barcelona* (BD)
- An der Casa Amatller: *Passeig de Gràcia 41, 08007 Barcelona* (AR)
- An der Casa Batlló: *Passeig de Gràcia 43, 08007 Barcelona* (AQ)

35 Die Casa Amatller – Barcelonas Lebkuchenhaus

Im Jahr 1898 legte einer der drei Stararchitekten Barcelonas, Josep Puig i Cadafalch (wie „Pudsch i Kada-falk“ ausgesprochen), den Grundstein für den schon erwähnten Zankapfel. Denn er begann, das Haus Nummer 41 auf dem Passeig de Gràcia, das 1875 noch im klassischen Stil erbaut worden war, modernistisch umzugestalten.

Der Besitzer, Antoni Amatller, wollte dadurch seine Individualität und auch eine gewisse Überlegenheit ausdrücken. Sein Geschäft lief nämlich exzellent – Amatller war einer der wichtigsten Produzenten von Schokolade in Katalonien. Besondere Berühmtheit erlangte er durch seine Trinkschokolade, die er mit schönen Plakaten eifrig bewarb und die ebenso eifrig getrunken wurde. Geldsorgen hatte er keine, so konnte er die Zeit zwischen seiner Tochter, die er sehr liebte, und den schönen Künsten, an denen er mit ähnlicher Intensität hing, aufteilen. Amatllers Ehefrau hatte ihn verlassen – man sagt, sie sei mit einem italienischen Komponisten durchgebrannt. Daraufhin begann er zu reisen, zu fotografieren, eine große Sammelleidenschaft für Glas- und Porzellanobjekte zu entwickeln und sich mit Musikern, Künstlern und Architekten zu umgeben.

Warum ich euch so viel über das Privatleben eines katalanischen Schokoladen-Mäzens erzähle? Nun, weil all dies der Schlüssel zum Entwurf Puig i Cadafalchs ist. Der Architekt lernte seinen Kunden nämlich zuerst gut kennen und entwickelte dann ein Gebäude, das an allen Ecken und Enden vor Querverweisen auf den Eigentümer nur so strotzt! Weiß man also über die Vorlieben Amatllers Bescheid, so kann man diese Symbole besser lesen. Denn beim Modernisme geht es eigentlich immer auch um Interpretation.

Schauen wir uns zusammen dieses Hexenhäuschen genauer an? Dann beginnen wir mit seinem Aufbau: Das sechsstöckige Gebäude besaß im Erdgeschoss Wirtschaftsräume (bei anderen Häusern befanden sich hier auch Geschäftsräume), im ersten Stock (der hier Principal, also Hauptgeschoss, genannt wird) die Wohnung der Eigentümer und darüber weitere, kleinere Wohnungen zum Vermieten. Diese Aufteilung wiederholte sich eigentlich bei fast allen modernistischen Stadtpalästen.

Interessant finde ich die Tatsache, dass der erste Stock damals als die beste Etage gehandelt wurde (ihr erkennt das oft an den Raumhöhen, die nach oben hin abnehmen). Heute jedoch ist oftmals das Penthouse die begehrteste Wohnung im Gebäude. Das liegt an einer Erfindung, die erst nach und nach Einzug hielt – dem Aufzug! Denn war man früher reich, so wollte man nicht viele Treppen zu seiner Wohnung steigen müssen. Darum baute man meist eine imposante Freitreppe für die Besitzer, die im Principal einzogen, und irgendwo weiter hinten ein schmales Treppenhaus für Mieter oder Personal. Auch in der Casa Amatller findet ihr zwei Treppen – aber auch schon einen kleinen Aufzug. Ich vermute, das liegt daran, dass man sich zur Zeit des Umbaus von den alten Sitten noch nicht ganz lösen wollte. Ein weiterer Grund für die beste Wohnung im ersten Stock war die Tatsache, dass die Reichen gern sahen, vor allem aber auch gesehen werden wollten. Also lebten sie näher an der Straße – für neidische Blicke in ihre Wohnung!

Über den sechs Stockwerken der Casa Amatller thront imposant und unverkennbar eines der interessantesten Dächer Barcelonas – ein glitzernder Treppengiebel. Mit diesem bewies Puig i Cadafalch, dass er kein Fan von Cerdàs egalitären Plänen für die Stadterweiterung war. Er schuf nicht nur ein höchst individuelles Dach, sondern überschritt mit 22 Metern Firsthöhe die ursprünglich gestatteten 17 Meter sehr deutlich. Neben dieser Provokation nimmt der Giebel auch Bezug auf den Bauherrn: Auch in Belgien wurde gute Schokolade produziert und dort war ein Treppengiebel sehr typisch. Zusätzlich erkennt man in der Form noch ein großes *A* – *A*ntoni *A*matller muss erfreut gewesen sein!

Die Fassade im Giebelbereich blinkt und strahlt dank glasierter Keramik in der Sonne und erinnert an das Lebkuchenhaus aus dem Märchen. Die Wand im unteren Bereich hingegen ist mit dem Kratzputz Sgraffito dekoriert, einer höchst aufwändigen Technik, die sich schon in der Renaissance nur die Reichen leisten konnten. Dafür trägt man eine Schicht Putz (hier ockerfarben) auf und lässt sie trocknen. Darüber folgt eine zweite (hier cremeweiße) Schicht, die im halbtrockenen Zustand wieder teilweise ausgekratzt wird. *Sgraffiare* bedeutet auf italienisch *kratzen* und das mussten die Arbeiter gerade bei diesem Haus sicher tagelang. Die stilisierten Blumen sollen übrigens Mandelblüten darstellen – wieder ein Verweis auf die Arbeit des Eigentümers.

Zwischen den Fenstern des fünften Stocks könnt ihr schwarze, herausstehende Drachen sehen. Natürlich erinnern sie an Sant Jordi, aber sie sind nicht nur dekorativ. Sie dienten nämlich als Lastkräne, an denen man über Flaschenzüge schwere Möbel in die oberen Geschosse ziehen konnte. Solche Metallanker findet ihr immer wieder an den Bauwerken aus der damaligen Zeit. Die Metalldrachen sind aber bei weitem nicht die einzigen symbolischen Wesen an der Fassade – also tauchen wir zusammen ein in das Feuerwerk aus Skulpturen!

Schaut euch zuerst die Eingangstüren an. Es gibt eine schmalere links, die für Fußgänger gedacht war und eine breitere rechts für Kutschen. Zwischen beiden Toren fällt euch bestimmt zuerst Sant Jordi auf! An einem Gebäude des Modernisme darf der Drachentöter meist nicht fehlen, mit Rüstung, Schild, Schwert und natürlich mit Drachen. Etwas oberhalb schaut die schon mit Blume beschenkte Prinzessin der Szene zu.

Auf den steinernen Türrahmen seht ihr vier Personen sitzen – Symbole für die schönen Künste, die Amatller so liebte. Von links nach rechts gehen dort ein Maler, ein Bildhauer, ein Architekt und eine Musikerin ihrer Arbeit nach. Ein von zwei Löwen gehaltener Schild verkündet einerseits das Jahr der Fertigstellung (die römischen Zahlen *MCM* stehen für

1900) und nimmt andererseits erneut Bezug auf die Mandel – mit einem Mandelbäumchen.

Schaut euch auch das Principal (mit dem langen Balkon) genauer an, es lohnt sich! Hier durfte sich der Bildhauer Eusebi Arnau, damals der Beste seiner Zunft, richtig ausleben. Er gestaltete allegorische Figürchen, die sich – immer mit einem Augenzwinkern – auf den Bauherren beziehen. Ganz links hinter dem kleinen Fenster befand sich das Schlafzimmer von Herrn Amatller. Und da dieser, wie ihr nun wisst, gern fotografierte, seht ihr... einen kleinen Mann aus Stein mit Kamera in der Hand! Dies ist die erste von drei Kameras, die sich am Gebäude verstecken, die anderen zwei findet ihr auch noch!

Es folgen drei Fenster am Balkon, die von Tieren und Putten (kleinen Engeln) umgeben sind. Diese Fenster stehen für die drei wichtigsten Faktoren in Amatllers Leben: Industrie, Kunst und Sammelleidenschaft. Von links nach rechts bedeutet das: zuerst zwei Putten, die ein Schild mit Werkzeugen darauf in der Hand halten – Sinnbild der Industrie. Die Tierchen darunter arbeiten dann auch in der Schokoladenproduktion: Ihr findet kleine Hasen, die flüssige Schokolade in eine Form gießen und Affen mit großen Hämmern in der Hand, bereit, Kakaobohnen zu zermahlen. In der Mitte folgen zwei Putten, die ein Schild mit Buch und... ja, der zweiten Kamera! präsentieren. Die schönen Künste werden von Eseln, die mit Brille auf der Nase versuchen zu lesen, und Bären, die mit der dritten Kamera fotografieren wollen, repräsentiert. Und am rechten Fenster halten die Putten das Schild der Sammelleidenschaften mit Amphore, Krug und Glas hoch. Natürlich sammeln dann auch die Tiere: Frösche blasen Glas, Schweinchen präsentieren Porzellanteller.

In der kleinen Galerie rechts des Balkons hatte Tochter Teresa Amatller ihr Reich. Dort trefft ihr ein letztes Mal auf den Buchstaben *A*, ein Gedicht, das die Schwiegermutter verfasst hatte, sowie wieder das Mandelbäumchen. Eine so personalisierte Fassade sieht man selten!

Traut euch auf jeden Fall in den überdachten Innenhof (in den Hof zu schauen ist kostenlos), auch da gibt es einiges zu sehen! Leuchten in Drachenform (man kann nie genug Drachen haben, oder?), wunderschön bemalte Deckenbalken mit Sgraffito dazwischen, die breite Steintreppe für die Eigentümer, im Hintergrund das kleine Treppenhaus und der Aufzug und vor allem auch das traumhafte Buntglas-Oberlicht – was für ein beeindruckendes Willkommen!

Apropos Willkommen: 1900 gelangte man noch mit der Pferdekutsche ins Haus – doch dann kaufte Amatller als einer der Ersten in der Stadt ein Automobil! Die frühen Modelle hatten allerdings so ihre Tücken, denn sie besaßen noch keinen Rückwärtsgang. Doch ein cleverer Einfall löste das Problem: Eine Drehscheibe, im Boden eingelassen, rotierte das geparkte Auto, so dass es mit dem Heck voran wieder das Haus verlassen konnte. Diese Drehscheibe könnt ihr bis heute noch sehen! Schokolade könnt ihr hier übrigens auch kaufen oder gleich vor Ort als cremige Trinkschokolade genießen. Denn eine kleine Pause im grünen Garten-Hof der Amatllers tut nach diesem Symbol-Feuerwerk sicher gut. Wenn ihr danach noch die Innenräume mit vielen Original-Möbeln bestaunen möchtet: Ein Guide führt drei Mal täglich (je einmal auf Katalanisch, Spanisch und Deutsch) durch die Welt des Schokoladenbarons, alternativ gibt es Audioguides zu jeder Zeit!

Steine, die Geschichten hierzu erzählen, findet ihr...

– An der Casa Amatller: *Passeig de Gràcia 41, 08007 Barcelona* (AR)

An der Casa Amatller haben Bären ein modernes Hobby

Auch die Damen der Casa Lleó i Morera verkünden die neue Zeit

36 *Die Casa Lleó i Morera – Löwen treffen Loewe*

Nachdem drei Häuser weiter Nachbar Amatller sein Wohnhaus von einem schlichten Bau zu einem fantasievollen Hexenhaus umbauen ließ, wünschte sich auch Francesca Morera i Ortiz, die am Passeig de Gràcia Nummer 35 wohnte, ihr personalisiertes Modernisme-Einzelstück. Sie beauftragte jedoch nicht den gleichen Architekten, sondern entschied sich für Domènech i Montaner, von dem ihr im Geschichtenmosaik schon einiges habt lesen können. Auch in ihrem Fall machte der Architekt eine sorgsame Bestandsaufnahme der Familie und ihrer Eigenschaften, bevor er 1902 ans Entwerfen ging.

Morera i Ortiz war eine für die damalige Zeit skandalös moderne Frau, denn sie hatte sich von ihrem Mann scheiden lassen und bewohnte mit ihrem Sohn, Albert Lleó i Morera, das Eckhaus in nobler Lage.

Hier passt ein kurzer Einschub zur Namensgebung in Katalonien und Spanien: Jeder besitzt einen Vornamen und zwei Nachnamen. Denn man erbt von seinen Eltern jeweils den ersten der beiden Nachnamen, diese werden dann zu einem neuen Paar zusammengesetzt. Der Nachname des Vaters kommt immer zuerst, dann folgt der der Mutter. Ja, ich weiß, die patriarchalische Gesellschaft ist noch recht ausgeprägt... Der Sohn von Francesca Morera i Ortiz und Albert Lleó i Dubosch wurde also Albert Lleó i Morera getauft.

Morera i Ortiz kam aus einer sehr reichen Familie, die ihr Vermögen durch den Handel mit Übersee erwirtschaftet hatte und erbte von ihrem Onkel das Haus auf dem Passeig de Gràcia aus dem Jahr 1864. Ihr seht, auch dieses Werk ist „nur“ der Umbau eines Bestandsgebäudes!

Der Architekt Domènech i Montaner verstand es meisterhaft, persönliche Züge der Bauherrin und ihres Sohnes zu integrieren. Allen voran findet ihr an der Außenwand immer wieder geflügelte Raubkatzen – denn das Wort *Lleó* bedeutet nichts anderes als *Löwe*. Außerdem sind die Balkonbrüstungen von hübschen kleinen Blüten und herzförmigen Blättern umrankt – Maulbeeren, denn das katalanische Wort *Morera* steht genau für diesen Baum (wie ihr ja seit der Geschichte des Maulbeer-Grabes wisst).

Wie es sich für ein Haus des Modernisme gehört, findet ihr auch hier den Drachen – in den Fensterlaibungen im Erdgeschoss. Auch der Phönix, das schon erwähnte Lieblingstier der Renaixença, zeigt sich an der Casa Lleó i Morera. Schaut etwas weiter nach oben und ihr seht neben den runden Fenstern die mythischen Vögel (mit je einem Scheinwerfer auf dem Kopf).

Die Skulpturen, die mir persönlich am Besten gefallen, sind vier Damen auf den Balkonen im zweiten Geschoss. Denn sie heben sich von anderen modernistischen Bauten durch die Gegenstände ab, die sie in der Hand halten: Nummer eins zeigt euch ein Grammophon (Musik auf Knopfdruck! Eine Sensation!), Nummer zwei eine Glühbirne (elektrisches Licht! Unglaublich!), Nummer drei trägt einen Telefonempfänger (Die reichen Freundinnen zum Kuchen einladen, fantastisch!) und Nummer vier bringt eine Kamera mit (Gruppenfoto beim Kaffeeklatsch? Superb!). Mit diesen Darstellungen wollte Morera i Ortiz der Außenwelt zeigen, dass es all diese modernen Errungenschaften in ihrem Zuhause ganz selbstverständlich gab. Man wollte damals gesehen werden, mit all seinem Reichtum. Eine völlig andere Herangehensweise als heute, wo sich die reichsten Familien hinter den höchsten Mauern verbergen.

Mit einem geschickten Kniff schaffte es Domènech i Montaner übrigens davon abzulenken, dass die zwei Seiten des Hauses zur Straße hin unterschiedlich lang sind: Er betonte mit der schönen, runde Galerie und dem Tempelchen auf dem Dach die Häuserecke. So fällt kaum auf, dass die großen Salon-Fenster im Principal rechts von vier Säulen getragen werden und links nur von drei…

Auch die Innenräume der Casa Lleó i Morera sind bestechend schön. Ich hatte das große Glück, in Barcelona zu leben, als die Familienwohnung im Rahmen von Führungen für die Öffentlichkeit zugänglich war. Wirkt die Fassade mit Ausnahme des floralen Mosaiks auf manche etwas monochrom, so entfaltet sich drinnen eine Farbenpracht aus Keramik, Bleiglas und Stuck, die in ihrem Detailreichtum in meinen Augen selbst von Gaudí nicht übertroffen wurde.

Leider ist das Haus inzwischen wieder für Besucher geschlossen, aber zumindest die traumhaften Glas-Galerien im Innenhof könnt ihr anschauen und das sogar gratis! Besucht den Baumarkt Servei Estació in der Carrer d'Aragó 270, fahrt mit der Rolltreppe in den ersten Stock, geht hinten auf die Terrasse – und seht den ganzen Zankapfel, vor allem aber die schöne Casa Lleó i Morera, von der Rückseite! Ein weiterer kleiner Trost: Die Möbel aus dem Hauptsalon der Familie könnt ihr im MNAC, dem Museu Nacional de Catalunya auf dem Montjuïc, bestaunen.

In meinen Augen sehr berechtigt trägt das Gebäude an der Fassade, rechts der Galerie, eine dunkle Metallplakette – die Auszeichnung für das beste Gebäude des Jahres, noch im Fertigstellungsjahr 1906 verliehen. Mit dieser Plakette ist übrigens der Symbol-Tiere-Reigen komplett, denn hier sitzt auch die kleine Fledermaus!

Die Bauherrin erlebte die endgültige Fertigstellung ihres „neuen" Hauses leider nicht mehr, denn sie starb 1904. Ihr Sohn beaufsichtigte den Bau in den letzten zwei Jahren und konnte 1906 stolz die prächtige Wohnung beziehen.

Die Casa Lleó i Morera blieb lange Zeit eines der schönsten Häuser des Eixample. Doch 1941, als der Modernisme schon lange aus der Mode gekommen war und von Regime wie Einwohnern gering geschätzt wurde, zog die Firma Loewe ein. Was für eine merkwürdige Fügung des Schicksals, nicht? Dieser Hersteller von Luxusmode und Handtaschen forderte mehr Schaufensterplatz. Dafür wurde die wunderschöne Fassade im unteren Bereich ziemlich brutal zurückgeschnitten. Ein Reigen tanzender Frauenfiguren wurde vom Unterteil der Galerie entfernt, zwei weitere elegante Damen in den Fenstern im Erdgeschoss ebenso. Man brach diese einfach ab und warf sie in einen Baucontainer. Dem Portero (dem katalanischen Hauswart), der sich in diesen Jahren um das Gebäude kümmerte, soll das Herz geblutet haben. Er rettete zumindest die Köpfe der zwei besterhaltenen Statuen. Über Umwege, die auch hier wieder einmal das Leben schreibt, fand der Künstler Dalí dies heraus. Er kaufte dem Portero die Köpfe ab – und ließ sie in seinem Museum in Figueres aufstellen. Dort könnt ihr sie noch heute besuchen, auf Säulen stehend und von Efeu umrankt. Zum Glück gibt es aber vom Urzustand des Gebäudes ein paar alte Fotos im Internet, so dass ihr sehen könnt, wie schön „Löwe vor Loewe“ war.

Steine, die Geschichten hierzu erzählen, findet ihr…

- An der Casa Lleó i Morera: *Passeig de Gràcia 35, 08007 Barcelona* (BD)
- Im Hinterhof des Baumarkts Servei Estació: *Carrer d'Aragó 270, 08007 Barcelona* (DA)
- Im Teatre-Museu Dalí: *Plaça Gala i Salvador Dalí 5, 17600 Figueres* (DB)

37 Die Casa Batlló – Der gähnende Drache

Damit ihr wisst, um welche drei Gebäude sich die Leute damals – und heute – beim Manzana de la Discordia gestritten haben, darf natürlich die Casa Batlló nicht fehlen. Diese war das letzte Haus im Block, das so umgebaut wurde, dass man es kaum wiedererkannte. Der reiche Textilproduzent Batlló sah nämlich, wie neben ihm erst die Casa Amatller und dann auch noch die Casa Lleó i Morera wie glitzernde Schmetterlinge aus ihren Kokons schlüpften...

Das wollte er nicht auf sich sitzen lassen. Denn er war mindestens genauso wohlhabend – also wollte auch er ein ganz besonderes Haus bewohnen! So engagierte er den heute weltberühmten Architekten Antoni Gaudí. Er bot ihm an, das in seinen Augen langweilige Haus von 1870 abzureißen, damit Gaudí etwas von Grund auf Neues schaffen konnte. Doch Gaudí lehnte ab – am Höhepunkt seiner Schaffenskraft und voll unbändiger Kreativität wollte er Batlló – und allen anderen – beweisen, dass er selbst aus einem Bestandsgebäude etwas komplett Anderes kreieren könne.

Das tat er dann zwischen 1904 und 1906 – mit großem Erfolg! Eigentlich verraten nur noch die klassischen Fensterformate in den oberen Geschossen, dass es sich bei der Casa Batlló um einen Umbau handelt. Alles andere wurde so umgestaltet, dass der Bauherr begeistert war.

Gaudí ergänzte einen fünften Stock und ein mächtiges Dach. Er baute das Erdgeschoss für Fahrzeuge um und erweiterte die Keller. Zusätzlich entkernte er beinahe das komplette Gebäude – nur die tragenden Treppenhauswände durften bleiben. Alle anderen Innenwände wurden abgerissen und durch runde, fließende Formen ersetzt, denen das Wort *Wand* eigentlich nicht mehr gerecht wird.

Zu diesen organisch geformten Wänden gibt es eine hübsche kleine Anekdote, die man sich über Gaudí erzählt. Diese möchte ich hier gerne einschieben. Denn seine ganz besondere Architektur überforderte angeblich manche Mieter. Es ist eine Begebenheit überliefert, in der sich Gaudí und eine Mieterin trafen. Die gnädige Dame hatte ein Problem – ihr Piano! Wo solle sie ein so eckiges Instrument denn nur hinstellen, wenn doch alle Innenwände gebogen seien? Madame war verzweifelt, keiner ihrer Freunde wusste Rat – also holte man Gaudí höchstpersönlich. Dieser soll die Räume durchschritten, in alle Ecken geschaut und sich am Bart gekratzt haben... Die Dame wurde immer gespannter und drängte ihn zu einer Antwort.

„Nun sagen Sie doch, Herr Gaudí!"

Gaudí soll daraufhin gefragt haben „Sind es Sie selbst, gnädige Frau, die das Instrument spielen?"

Sie bejahte – worauf er erneut seine Runden durch die Zimmer zog. Die Ungeduld der Mieterin wurde größer und größer – und endlich ließ sich Gaudí zu einer Aussage herab!

„Nun, gnädige Frau..."

„Ja?"

„Wechseln Sie zur Violine."

Viel gelacht haben die Leute damals und heute über solche Geschichten des etwas kauzigen Gaudí. Und auch wenn die Devise des selbstbewussten Architekten lautete „Die Menschen sollen sich in meinen Häusern wohlfühlen", so machte er es manchen vermutlich trotzdem nicht leicht.

Kehren wir zurück zum Gebäude?

Gaudí erweiterte den Lichthof deutlich, so dass die Räume im Haus mehr Helligkeit und Belüftung erhielten. „Architektur ist das Ordnen von Licht", soll er einmal gesagt haben. Ich finde, dieses Zitat passt gut in die Casa Batlló, denn die Räume sind in der Tat traumhaft hell! Im Lichthof beschäftigte sich der Architekt intensiv damit, wie man Sonnenlicht lenken könne und unterstützte dessen Intensität. Denn die Fliesen, die oben in der Nähe des Daches dunkelblau beginnen, werden nach unten immer heller. Im Erdgeschoss sind die meisten dann weiß. So schaffte Gaudí es, auch in die unteren Räume mehr Helligkeit zu bringen.

„Was ist mit der Fassade?“, fragt ihr nun vielleicht zu Recht. Denn sie ist für viele das absolute Highlight des Gebäudes. Für mich auch, also schauen wir sie uns an!

Gaudí schuf eine Außenwand, wie sie kein Barcelonese vorher gesehen hatte. Sie schwingt vor und zurück. Sie glitzert in der Sonne. Sie wurde zum Teil komplett entfernt und neu gebaut, um noch bewegter zu wirken (das seht ihr im ersten Stock sowie an den Balkonen im zweiten Stock). Und sie stellt die Leute vor ein Rätsel – wie soll man sie interpretieren?

Manche fühlen sich an eine Unterwasserwelt erinnert, voller bunter Spiegelungen und Luftblasen, eine ganz ätherische, beschwingte Szenerie.

Andere denken an die „Seerosen“ des französischen Malers Monet, denn mit ihrem Mosaik aus Keramik und Glas sieht die Casa Batlló ein bisschen wie dessen hingetupfte impressionistische Gemälde aus.

Wieder andere behaupten, vor der *casa dels badalls*, dem *Haus des Gähnens*, zu stehen. Denn die von Gaudí entworfenen Säulen und Balkone erinnern sie an weit aufgerissene, gähnende Münder.

Ein paar Menschen glauben, eine Szene aus dem Karneval in Venedig zu sehen. Das bunte Glitzern erinnert sie an Konfetti und die Balkone gleichen ihrer Ansicht nach den Masken, die in Venedig oft die Form von (Toten-)Schädeln haben. . .

Doch die meisten sagen *la casa del drac* (*Das Haus des Drachens*) oder *la casa dels ossos* (*Das Haus der Knochen*). Drachen. . . . Knochen. . . Und wieder sind wir bei Sant Jordi! Ich persönlich vermute, dass diese letzte Deutung stimmen könnte. Denn Gaudí war ein zutiefst religiöser Mann und großer Verehrer des heiligen Drachentöters. Und wie könnte er den Triumph der christlichen Religion über das Heidentum besser ausdrücken, als mit einem Drachen – in dessen Rücken Sant Jordis Lanze steckt?

Schaut euch das Dach einmal genauer an, geht dazu am Besten auf die andere Straßenseite. An der Casa Batlló ist es meist am vollsten beim Zankapfel – da tut ein bisschen Distanz manchmal ohnehin gut.

Mit etwas Abstand könnt ihr es wunderbar sehen – das Schuppenkleid des Drachen, der auf dem Dach hockt. Es setzt sich im Mosaik der Fassade fort, während die Säulen und Balkone Knochen und Schädel der beklagenswerten Opfer symbolisieren. Der kleine Turm auf dem Dach, der wirkt, als habe man ihn hineingesteckt, stellt in dieser Interpretation des Gebäudes die Lanze dar. Wenn ihr genau hinseht, entdeckt ihr auf ihm die Initialen der Heiligen Familie. In kalligrafischer Schrift steht dort nämlich *JHS* (*Jesus habemus socium, Wir haben einen Begleiter in Jesus*). Das ist die gängige Abkürzung für Jesus, die Gaudí regelmäßig verwendete. Außerdem könnt ihr *JP* (*Joseph Pater, Joseph, der Vater*) und *M* (*Maria*) lesen. Der Sieg der Religion über das heidnische Biest ist komplett! Selbst der kleine Balkon im Obergeschoss hat eine Bedeutung – die Rose, die Jordi der Königstochter schenkte.

Ist das nicht eine unglaubliche Architektur?

Das finde nicht nur ich jedes Mal, wenn ich die Casa Batlló sehe. Das sehen offensichtlich auch die vielen Besucher so, denn sie ist eine der meistbesuchten Attraktionen Barcelonas. Der aktuelle Eigentümer muss ähnlich gedacht haben. Das Haus gehört nämlich seit 1993 der Familie Bernat, die durch den Verkauf von ganz besonderen Süßigkeiten weltweit bekannt wurde. Diese werden später noch einmal im Geschichtenmosaik auftauchen: Es handelt sich um die Lollis der Marke Chupa Chups!

indent Die Gründerväter dieser Süßigkeiten machten aus der Casa Batlló das Museums-Haus, das ihr bis heute besichtigen könnt. Ihnen verdanken wir heute die Möglichkeit, ganz tief in Gaudís Welt eintauchen zu können. Als der Erfolg der Süßwaren-Firma 2003 nachließ, soll die verschuldete Familie Bernat eine Hypothek auf das Gebäude aufgenommen haben, doch diese reichte nicht lange aus. 2006 musste eine Entscheidung gefällt werden – Die Firma Chupa Chups wurde an einen italienischen Hersteller verkauft und die Familie

Bernat behielt lieber die Casa Batlló. Eine weise Entscheidung, oder was denkt ihr?

Steine, die Geschichten hierzu erzählen, findet ihr…

- An der Casa Batlló: *Passeig de Gràcia 43, 08007 Barcelona* (AQ)

38 Picasso und die „Damen von Avignon"

Pablo Picasso ist sicherlich jedem von euch ein Begriff. Aber wusstet ihr auch, dass er einige äußerst prägende Jugendjahre in Barcelona verbracht hat?

Das in Málaga im Jahr 1881 mit dem schier unendlichen Namen Pablo Diego José Francisco de Paula Juan Nepomuceno María de los Remedios Crispiano de la Santísima Trinidad Ruiz Picasso geborene Wunderkind zog nämlich wegen seines Vaters, der selbst Künstler und außerdem Zeichenlehrer war, 1895 im Alter von 13 Jahren nach Barcelona.

Der Vater, schon früh überzeugt vom großen Talent seines Sohnes, soll ihm seine Pinsel und Bleistifte überreicht und die eigene Karriere an den Nagel gehängt haben, um von da an nur noch zu unterrichten und Pablo nach Leibeskräften zu fördern. Die beste Ausbildung sollte der Junge erhalten. So kam er an die renommierteste Schule der Künste in Barcelona, die sogenannte Llotja.

Barcelona im Jahr 1895 war ein Strudel von neuen Kunstströmungen, allen voran des Modernisme, und *der* Ort für spanische Künstler, etwas Avantgarde-Luft zu schnuppern. Picasso, dem an der klassisch ausgerichteten Schule schnell langweilig wurde, begann gegen die Wünsche des Vaters zu rebellieren und tauchte begierig in diesen Strudel ein. Zwar nahm er einige Auszeichnungen für junge Künstler in Empfang, aber eben für traditionelle Werke. Das Beeindruckendste darunter ist für mich das nahezu perfekte Ölgemälde „Wissenschaft und Nächstenliebe", ein meisterliches Werk von einem zu dem Zeitpunkt erst 14 Jahre jungen Maler! Aber auch die „Erste Kommunion", bei der man den Eindruck hat, die Wärme der Kerzen mit den Fingern berühren zu können oder wunderschöne Miniaturen von Strand und Dachlandschaften, entstanden zu dieser Zeit. Viele davon könnt ihr im Museu Picasso bewundern. Ich glaube, ihr werdet genauso begeistert sein wie ich!

Picassos Vater war schon nach einem Jahr der Ansicht, sein Sohn könne in Barcelona nichts Neues mehr lernen, und wollte ihn auf die damals am meisten geschätzte Kunstakademie in Madrid schicken. Doch diese Idee sagte dem jungen Maler, der sich so danach sehnte, endlich das richtige Leben darstellen zu dürfen, überhaupt nicht zu.

Der Bruch mit dem ehrgeizigen Vater folgte und Picasso erkrankte schwer an Scharlach. Um sich auszukurieren, reiste er zurück nach Katalonien, zur Familie seines Schulfreundes Manuel Pallarès in das Dorf Horta de Sant Joan. Dieser Ort zog Picasso mit seinen kubischen Häuschen schnell in seinen Bann. „Alles, was ich weiß, lernte ich in Pallarès‘ Dorf“, soll der Maler einmal gesagt haben.

Wieder genesen, ging es zurück in die wilden Straßen Barcelonas. Picasso tauchte ins Nachtleben ein und besuchte die Bordelle der Stadt oder er tauschte sich in der Bar Marsella im Raval mit Kollegen aus. Diese urige Zeitmaschine existiert schon seit 1820. Auch die Schriftsteller Orwell und Hemingway sollen hier schon einen Drink probiert haben und möglicherweise stieg ihnen die damalige – und heutige – Spezialität der Bar, Absinth, mächtig zu Kopf...

Gern frequentierte Picasso außerdem das Künstlercafé Els Quatre Gats, das ihr ja nun kennt. In dem hübschen Café und Restaurant findet ihr noch immer einige Spuren des Künstlers. Ihr entdeckt dort zum Beispiel Kopien seiner ersten Zeichnungen der Besucher oder die Speisekarte, die er, merklich von Paris beeinflusst, entwarf. Hier fand 1900 auch Picassos erste Ausstellung statt – doch zu dem Zeitpunkt wurde sein Genie noch mächtig verkannt. Er verkaufte kein einziges Werk.

Ab 1900 besuchte Picasso in regelmäßigen Abständen Paris und er nahm dort alles, was es in der Kunstszene an Neuem gab, intensiv in sich auf. Barcelona war zwar in Spanien zu dem Zeitpunkt die innovativste Stadt für Künstler – Paris jedoch war Barcelona haushoch überlegen.

So war es für Picasso nicht leicht, sich zwischen der Stadt, in der seine Familie und viele Freunde lebten und die für ihn zur Heimat geworden war, und der Stadt, in dem das Kunstherz pulsierte, zu entscheiden. Doch in Barcelona wurde seine Malerei nicht angenommen. Arm wie eine Kirchenmaus lebte und arbeitete er in Dachgeschossateliers. Mit einem Kollegen soll er sich Möbel – und auch einen Butler und ein hübsches Mädchen – an die Wände gemalt haben. Sein weniges Geld investierte er in Farbe und Pinsel, um doch nichts zu verkaufen – selbst dann nicht, als er 1901 in der berühmten Galerie Sala Parés in der Carrer de Petrixol eine erste richtige Ausstellung realisieren konnte.

In diesem Jahr erlebte er außerdem einen schweren persönlichen Schicksalsschlag. Sein guter Freund und Künstlerkollege, Carles Casagemas, erschoss sich wegen unerwiderter Liebe. Dieses Ereignis verarbeitete der unglückliche Picasso in düsteren, meist im blauen Farbspektrum gehaltenen Werken, die später als „Blaue Periode“ bekannt wurden. Alles in diesen Werken drehte sich um den toten Freund, um das Elend der Menschen auf den Straßen, um das wahre Leben, das Picasso zeigen wollte, für das Barcelonas Kunstszene aber immer noch nicht bereit war. Also entschloss er sich 1904, allmählich vom Kummer genesen, der Stadt am Mittelmeer endgültig den Rücken zu kehren.

Im Jahr 1905 schockierte sein Freund Henri Matisse (der einzige Maler, den Picasso als ebenbürtig betrachtete) die Kunstszene mit seinem Bild „Le bonheur de vivre“. Picasso wollte die Herausforderung unbedingt annehmen. Sein Ziel war es, etwas noch Größeres, noch Radikaleres zu schaffen. Und seine Erinnerungen an Barcelona – vor allem an eine bestimmte Straße, die Carrer d‘Avinyó – halfen ihm dabei.

Heute eine beliebte Einkaufsstraße war sie vor 100 Jahren eher durch eine Menge rotes Licht berühmt-berüchtigt. Auch Picasso selbst frequentierte die dort ansässigen Freudenhäuser das eine oder andere Mal. Also beschloss er, eine Bordellszene zu malen. Doch wie sollte er dieses Motiv so erneuern, dass es selbst die Avantgarde-Szene erschüttern könnte?

Er soll sich über ein Jahr zurückgezogen haben, um dann, nach mehr als 800 Skizzen, ein Werk zu präsentieren, das

Kollegen wie Kritiker sprachlos werden ließ: „El prostibul d'Avinyó", „Das Bordell von Avinyó". Die Prostituierten hatte er in ihre Einzelteile zerlegt, in Facetten von Körpern, und ihre Gesichter glichen Masken. Nichts Verharmlosendes war mehr in dieser Bordellszene zu finden. Sie glich eher einer Fleischbeschau, gnadenlos, schmerzhaft, ehrlich. Das weltweit erste Bild in dem Stil, der später als Kubismus für Furore sorgen würde, war geboren.

Matisse sagte den Tod der Malerei voraus, Braque fasste es mit den Worten „Wie wenn man Petroleum trinkt, während man eine Fackel schluckt" zusammen. Die Galeristen und Sammler trauten sich anfangs nicht, das Werk zu zeigen. Erst 1916 wurde es das erste Mal ausgestellt – unter einem neuen Namen. Denn der vorsichtige Galerist taufte es gegen den Willen des Künstlers lieber in „Les Demoiselles d'Avignon" um, „Die Damen von Avignon". Das Thema Prostitution war somit aus dem Titel gestrichen und Verwirrung über den Ort vorprogrammiert. So glauben bis heute viele, es handle sich um ein in der französischen Stadt Avignon entstandenes Werk.

Aber ihr wisst nun Bescheid und könnt, wenn ihr mögt, der Carrer d'Avinyó einen Besuch abstatten. Geht auch in die Parallelstraße etwas weiter südlich, in die Carrer d'en Carabassa. Schaut euch dort das Haus Nummer 7 (erbaut 1775, wie es auf der Kratzputz-Fassade geschrieben steht) genauer an. Findet ihr, fast unter der kleinen Brücke, die die Straße überquert, einen Steinkopf an der Fassade? Bestimmt erinnert ihr euch noch an die Carassas, die Analphabeten den Weg zu den Freudenhäusern leichter machten? Man sagt, dass sich genau in diesem Haus ein Bordell namens Ca la Mercè befand, das Picasso zu einem seiner berühmtesten Werke inspirierte...

Steine, die Geschichten hierzu erzählen, findet ihr...

- In der Carrer d'Avinyó: *Carrer d'Avinyó, 08002 Barcelona* (DC)

- In der Parallelstraße Carrer d'en Carabassa: *Carrer d'en Carabassa 7, 08002 Barcelona* (DD)
- Im Museu Picasso: *Carrer de Montcada 15-23, 08003 Barcelona* (DE)
- In der Carrer de la Plata, das Dachgeschoss der Nr. 5 war Picassos erstes Atelier: *Carrer de la Plata 5, 08002 Barcelona* (DF)
- Auf dem Pla del Palau - Hier steht noch immer das Gebäude La Llotja: *Passeig d'Isabel II, 1, 08003 Barcelona* (DG)
- Gegenüber der Llotja – Im Casa Xifré genannten Haus hat Picassos Familie in den ersten Monaten in einer kleinen Wohnung im Zwischengeschoss gewohnt: *Passeig d'Isabel II 14, 08003 Barcelona* (DH)
- An der Casa Martí, auch bekannt als Café Els Quatre Gats: *Carrer de Montsió 3, 08002 Barcelona* (AS)
- In der Bar Marsella: *Carrer de Sant Pau 65, 08001 Barcelona* (DI)

Ein unbekannter Künstler ehrt mit Street Art den großen Picasso

39 Schandmauer oder Kinderzeichnung?

Um weitere Spuren Picassos in Barcelona zu finden, müssen wir gemeinsam einen Zeitsprung machen – von 1907 ins Jahr 1962. Da erhielt Picasso, weltberühmt und mittlerweile 80 Jahre alt, den Auftrag, einen Fries für die neu gebaute Architektenkammer (ein architektonisch leider sehr banales Werk) auf der Plaça Nova zu gestalten. Der Architekt kannte den Künstler und bat ihn schriftlich um ein Werk in Betograve-Technik (in hellem Beton eingelassener dunkler Splitt, der mittels Sandstrahlen freigelegt wird).

Persönlich konnte er ihn schlecht sprechen, Picasso hatte Barcelona nämlich schon lange hinter sich gelassen... Im Jahr 1934, als dort eine Retrospektive das Werk des nun weltberühmten Künstlers feierte, fand er sich nämlich zum letzten Mal hier ein. Denn 1936 begann, zum Entsetzen Picassos, eines bekennenden Pazifisten, der Spanische Bürgerkrieg. Der Maler protestierte auf seine Weise – mit Kunst: Das riesige, in Grautönen gehaltene Werk „Guernica" von 1937 wurde zum Aufschrei gegen das sinnlose und grausame Töten von Zivilisten und zum Symbol nicht nur in Spanien, sondern später auch weltweit.

1939 endete der Bürgerkrieg mit dem Sieg General Francos, der daraufhin eine faschistische Diktatur im Land errichtete. Picasso wurde zur *persona non grata* und musste sich von da an darauf beschränken, seinen Widerstand gegen das neue Regime von Frankreich aus zu organisieren. Er schwor sich, nicht nach Spanien zurück zu kehren, solange Franco an der Macht sei. Leider erlebte er das Ende der Diktatur im Jahr 1975 nicht mehr, er starb zwei Jahre zuvor.

1962 lebte Picasso also in Frankreich, aber er versprach eine Zeichnung als Vorlage für den Fries. Hinter Netzen verborgen fanden die Arbeiten an dem großen Werk statt – um dann bei der feierlichen Eröffnung die Zuschauer gleichermaßen zu begeistern wie auch zu belustigen.

Viele waren der Ansicht, dass es für eine so schlicht wirkende Zeichnung keines Picassos bedurft hätte, nein, das Enkelchen hätte das genauso gut – und günstiger – hinbekommen. Picasso selbst aber war glücklich über die Entwicklung seines Stils hin zur Einfachheit und größtmöglichen Abstraktion. Er soll in einer Ausstellung von Kinderbildern einmal gesagt haben: „Als ich so alt war (wie die malenden Kinder), konnte ich malen wie Raffael. Ich habe ein ganzes Leben lang gebraucht, bis ich malen konnte wie die Kinder.“

Die politische Elite des Landes jedoch fand das Ganze gar nicht lustig, denn sie erkannte die provokante Bedeutung hinter den einfachen Linien. Was Picasso hier dargestellt hatte – und das in Zeiten der Diktatur, in der die Zurschaustellung von katalanischem Kulturgut verpönt war, – waren beliebte Traditionen aus Katalonien!

Viele Vorbeilaufende nehmen den skandalösen Fries heutzutage gar nicht mehr so recht wahr. Ich möchte euch darum vorschlagen, ihn euch genauer anzuschauen, um die Provokation hinter den Linien im Beton entdecken zu können.

Im linken Teil zum Beispiel werdet ihr Figuren sehen, die Flöte spielen und andere, die sich an den Händen halten – ein Sinnbild für die Sardana, den katalanischen Nationaltanz, bei dem eine Gruppe gemeinsam im Kreis tanzt.

Im zentralen Fries dominiert mittig etwas, das wie ein Weihnachtsbaum aussieht. Es handelt sich jedoch um aufeinander gestellte Menschen, die sogenannten Castellers: Menschentürme, die wie kaum ein anderer Brauch für Katalonien und den Zusammenhalt der Bevölkerung stehen.

Umringt werden die Castellers von zwei riesigen Gestalten mit Kronen – den Gegants, großen Figuren, die auf den Schultern getragen, bei Feierlichkeiten durch die Straßen ziehen. Auch die auf den Umzügen vertretenen Capgrossos, die Großköpfe, dürfen nicht fehlen, genauso wenig wie die von einem Menschen getragene Pferdefigur.

Im Fries ganz rechts seht ihr einen Umzug, auf dem die katalanische Flagge, La Senyera (deren legendären Ursprung ihr ja nun kennt) getragen wird. Deren Streifen sind zwar nicht sichtbar – aber Picasso nannte es „Fris de la Senyera“, also wird es wohl stimmen!

Diese Zurschaustellung katalanischen Stolzes war ein Schlag ins Gesicht für die faschistischen Politiker. Man sprach von einer Schandmauer und überlegte, Picassos Werk zurückbauen zu lassen. Doch in den 1960er Jahren in Barcelona galt es für Francos Regime, noch viele andere Gegner mundtot zu machen, unter anderem eine vorsichtig aufkeimende Studentenbewegung. So blieb die angebliche Schandmauer an Ort und Stelle und ihr habt heute die Möglichkeit, das nur auf den ersten Blick naive Werk zu bestaunen.

Ein letzter kurzer Ausflug, diesmal ins Jahr 1963: In dieser Zeit bemerkte Franco anscheinend, dass es doch von (finanziellem) Wert wäre, sich mit Picassos Werken zu schmücken, denn diese wurden in Spanien bis dato nirgendwo präsentiert. Nachdem Picassos Sekretär, Jaume Sabartés, Barcelona einige Werke des Künstler gespendet hatte, wuchs die Idee für ein Museum in der Stadt, die den Künstler in seinen frühen Jahren so geprägt hatte. Ein vorsichtiger Versuch einer temporären Ausstellung hatte durchschlagenden Erfolg. So entschloss sich die Regierung das Museum tatsächlich zu realisieren. Aber natürlich nicht unter dem Namen des Provokateurs – nein, Sammlung Sabartés wurde es genannt. Man fand Räume in einem alten Stadtpalast in der Carrer de Montcada, im Born-Viertel. Hier, so glaubte man, in dieser damals dunklen, unsanierten Gegend, sei der verdiente Platz für Picassos Werke. Die Eröffnung wurde klein und auf der letzten Seite der örtlichen Zeitung angekündigt. Doch die Kunstfans fanden natürlich ihren Weg ins Museum und der große Erfolg führte zur mehrmaligen Erweiterung der Räumlichkeiten.

Mittlerweile sind fünf ehemalige Stadtpaläste zusammengefügt worden und das Museu Picasso (das seit Francos Tod endlich diesen Namen tragen darf), das allein in seiner permanenten Sammlung über 4.200 Werke beherbergt, ist ein absoluter Besuchermagnet. Wenn ihr euch ein wenig für Picasso interessiert, kann ich es euch wärmstens empfehlen! Es ermöglicht eine Reise vom Wunderkind bis zum alternden Maler, der zufrieden war, endlich „einfach malen“ zu dürfen.

An verschiedenen Orten in der Altstadt findet ihr übrigens Street Art, die auf Picassos Werke Bezug nimmt. Haltet einfach die Augen offen und lasst euch auf Spurensuche durch die Straßen treiben!

Steine, die Geschichten hierzu erzählen, findet ihr...

- Im Museu Picasso: *Carrer de Montcada 15-23, 08003 Barcelona* (DE)
- An der Fassade der Architektenkammer: *Plaça Nova 5, 08002 Barcelona* (DJ)

40 Die Casa Milà – Ein architektonisches Erdbeben

Wie ein Erdbeben erschütterte die von Antoni Gaudí entworfene Casa Milà auf dem Passeig de Gràcia Architekturwelt und Bourgeoisie in ihren Grundfesten. Denn dieses Gebäude machte Schluss mit *neo*: Schluss mit Häusern, die den Stil einer schon dagewesenen Epoche kopierten oder Elemente daraus uminterpretierten. Die Casa Milà versuchte nie sich anzupassen, sondern war von Anfang an ein gestalterisches Novum. Heute mag man kaum glauben, dass diese zeitlose, surreale Architektur schon über hundert Jahre alt ist. denn erbaut wurde das Haus von 1906 bis 1910! Mindestens genauso trotzig und selbstbewusst wie ihr Schöpfer steht sie an einer Ecke des berühmten Prachtboulevards und lässt bis heute Besucher mit offenem Mund staunen.

Genau das war auch der Wunsch des Bauherrn Pere Milà: Die Menschen sollten ihre Münder vor Bewunderung nicht mehr schließen können! Um diesen Wunsch und auch das Haus dieses Herrn besser verstehen zu können, müssen wir uns zuerst den Mann selbst anschauen.

Pere Milà war, was wir heute einen Dandy nennen würden. Er war sehr auf sein gutes Aussehen bedacht, kleidete sich sorgfältig und elegant und liebte es aufzufallen. Hatte Herr Amatller eines der ersten Automobile Barcelonas, so hatte Herr Milà *das* erste. Milà kam aus keiner schlechten Familie, doch er hatte das große Glück (oder genug Seny), eine überaus reiche Witwe zu heiraten. Diese Frau, Roser Segimon, hatte von ihrem Mann, Josep Guardiola i Grau, ein beträchtliches Vermögen geerbt. Obendrein fiel ihr ein großes Grundstück auf dem Passeig de Gràcia, dem liebsten Bauplatz der Bourgeoisie, zu.

Welch hervorragende Partie! Milà heiratete sie vom Fleck weg. Damit sorgte er für einige gehässige Witze in Barcelonas feiner Gesellschaft. Denn *Guardiola* ist nicht nur ein katalanischer Eigenname, sondern bedeutet übersetzt auch *Sparschwein.* So kam es, dass spitze Zungen Herrn Milà nachsagten, er wolle gar nicht „die Witwe des Guardiola sondern die Guardiola von der Witwe"...

Milà machte das nichts aus, hatte er doch Dank des frisch gewonnenen Reichtum die Möglichkeit, seine Nachbarn vor Neid erblassen zu lassen. Ein Haus wollte er bauen, wie es zuvor noch keines gegeben hatte. Und auch wenn es nicht von seinem Geld bezahlt wurde, so sollte es doch selbstverständlich seinen Namen tragen (und nicht etwa den seiner Frau). Da Milà mit Herrn Batlló, den ihr ja schon beim Haus des Drachen kennengelernt habt, befreundet war, stand für ihn schnell fest: Kein Geringerer als Antoni Gaudí sollte ihm sein neues Heim entwerfen.

Gaudí und Milà müssen sich zu Beginn der Geschäftsbeziehung sehr gut verstanden haben. Der Architekt, ohnehin schon immer seiner Zeit weit voraus, plante gern für einen Mann, der sich Modernität wünschte – und für den Geld keine Rolle spielte. So verbarg die Casa Milà verschiedene Neuheiten hinter ihrer beeindruckenden Fassade.

Vom Aussehen dieser Fassade möchte ich gern zuerst erzählen, denn sie schockierte Milàs reiche Nachbarn ganz besonders.

„Was baut Gaudí da?", müssen sie sich gefragt haben. Ein Gebäude, wie die es Bourgeoisie noch nie zuvor gesehen hatte! Organische Formen aus hellem Sandstein, die an Dünen oder Klippen am Meer erinnern. Balkone wie aus Algen geschmiedet. Ein sich wiegendes Dach und kapitale Schornsteine in Form von Soldaten obenauf. Keinerlei Gewohntes mehr, statt dessen brachiale, fließende, sehr moderne Linien. Zu modern für viele! Schnell machten sich die traditionelleren Herrschaften Sorgen, dass ihre umliegenden Grundstücke an Wert verlieren würden, mit diesem angeblichen Scheusal gleich nebenan.

Erste Spitznamen wie Drachenhöhle tauchten auf. Mancher verglich die Casa Milà mit den Folgen eines Erdbebens in

Andalusien, das sich zuvor ereignet hatte. Andere witzelten, dass man als Haustier in diesem Gebäude nur Schlangen oder Eidechsen halten dürfe. Auch die Tageszeitungen machten vor Spott nicht halt und ließen das Gebäude karikieren. Es existiert zum Beispiel eine Zeichnung, in der ein Makler und ein Mietinteressent sich auf dem Balkon unterhalten. Ergebnis ist, dass der Interessent die Wohnung ablehnt.

„Aber warum denn?", möchte der Makler wissen.

„Ach wissen Sie, ich weiß einfach nicht, wie ich an diesen Balkonen meine Wäsche trocknen soll", erwidert der Interessent.

Viel Unverständnis und Häme prasselten auf das Projekt nieder. Doch Architekt und Bauherr ließen sich nicht beirren und schufen hinter der kontroversen Fassade einiges, was das Haus lebens- und lobenswert machte.

Milàs Automobil brachte Gaudí zum Beispiel dazu, über die Möglichkeit zu fabulieren, dass jeder Bewohner des Hauses mit seinem Wagen bis vor die Wohnungstür fahren können sollte. Und – irgendwie – auch wieder hinunter. Doch nach ausführlicher Kalkulation stellte er fest, dass allein die Rampen dafür größer werden müssten, als es das Grundstück hergab. So entschied er sich für einen Kompromiss: Er plante Barcelonas erste Tiefgarage!

Wie bereits in der Casa Batlló spielten Licht und Luft auch in der Casa Milà eine große Rolle. Also plante Gaudí mehrere riesige Lichthöfe, die dafür sorgten, dass jeder wichtige Raum gut beleuchtet und belüftet wurde.

Außerdem verbirgt der Bau hinter massiv wirkenden Mauern ein für die damalige Zeit revolutionäres Konzept – eine sogenannte Vorhangfassade. Dieser Begriff bedeutet, dass die Außenwand keinerlei statische Funktion hat. Sie kann dünn ausgebildet werden, denn Stahlstützen und Träger im Inneren des Hauses tragen die Lasten. Diese Technik erlaubt eine ganz freie Grundrissgestaltung. Wände können eingebaut aber auch wieder versetzt werden, da das Stahlskelett das Gebäude stützt. Der Architekt Domènech i Montaner konnte dank Vorhangfassade bei seinem Musikpalast, von dem ich auch noch erzählen werde, besonders viel Glas einbauen. Gaudí tat das Gegenteil: Seine Fassade sieht mächtig und schwer aus. Tatsächlich aber besteht sie aus recht dünnen Steinplatten, die auf ein Stahl-Untergerüst aufgebracht wurden. Diese Steinplatten wurden dann vor Ort behauen, damit sie eine erodierte Oberfläche bekamen. So erhielt das Haus schon früh seinen bekanntesten Spitznamen: La Pedrera – Der Steinbruch.

Gaudí eckte mit manchem seiner Projekte an, bei der Casa Milà geschah dies jedoch besonders oft. So groß das Gebäude war, so groß war auch der Ärger mit dem städtischen Bauamt. Erste Probleme begannen, als eine der Säulen zu weit in den öffentlichen Raum ragte. Gaudí, kompromissbereit wie er manchmal war, soll gesagt haben:

„Dann schneiden wir sie eben ab, wie ein Stück Käse. Wir polieren die Schnittfläche und dann befestigen wir darauf ein kleines Schild mit der Inschrift ‚Abgeschnitten im Namen des Bauamtes von Barcelona am Tag. . . ‘“.

Es bedurfte guten Zuredens durch Milà (und vielleicht ein wenig monetärer Nachhilfe) und die Säule blieb stehen.

Doch dann wuchs das Haus in die Höhe – und überschritt bald die damaligen Festlegungen (ihr erinnert euch an Cerdàs Eixample?). Auch eine Volumen-Begrenzung von 4.000 gebauten Kubikmetern überschritten Milà und Gaudí deutlich. Da verstand das Amt keinen Spaß mehr. Das Dach und auch das Dachgeschoss sollten zurückgebaut werden – oder alternativ eine Strafsumme in Höhe von 25 Prozent der Baukosten fließen! Milà wurde blass, hatte er doch alles Geld in den Bau investiert, um es später durch Vermietung zurück zu bekommen. Aber abbrechen wollte er selbstverständlich auch nichts! Es folgte nach einigem Hin und Her wieder einmal eine Geschichte, die das Leben schreibt. Milà erhielt eines Tages einen Brief, der ihm in etwa Folgendes mitteilte:

„Was Ihr Architekt da baut, ist kein Haus. Es ist ein Monument. Als solches muss es die Obergrenzen für Häuser nicht einhalten“. Gaudí war ganz aus dem Häuschen vor Freude und soll eine Kopie des Briefes bei sich daheim aufgehängt haben.

Die Freude des Meisterarchitekten fand jedoch 1909, als die Casa Milà schon recht weit fortgeschritten war, ein jähes Ende. Denn im Juli dieses Jahres ereignete sich die sogenannte Setmana Tràgica, die Tragische Woche. Für einen Krieg Spaniens in Marokko sollten katalanische Reservisten eingezogen werden. Die Söhne der Bourgeoisie konnten sich vom Wehrdienst freikaufen, doch kein Arbeiter hatte diese finanziellen Möglichkeiten. So entzündete sich die Wut der einfachen Leute gegen Oberklasse und Klerus (die man als eng verbunden ansah). Schwere Ausschreitungen, vor allem gegen die Kirche, fanden in Barcelona statt und beinahe hundert Menschen verloren ihr Leben.

Diese tragische Woche führte zum Bruch zwischen Gaudí und Milà. Der tief religiöse Gaudí hatte nämlich für das Dach der Casa Milà eine über vier Meter hohe Statue der Jungfrau Maria, umringt von den Engeln Michael und Gabriel, vorgesehen. Milà, der die Stadt bei den Ausschreitungen hatte brennen sehen, wollte sich nicht zur Zielscheibe machen und sagte das fromme Projekt ab. Gaudí soll außer sich vor Wut und Enttäuschung gewesen sein. Das Ende vom Lied war, dass Gaudí das Projekt verließ, seinem Assistenten den Rest der Baubetreuung übertrug und sich von da an nur noch auf sein größtes Projekt, die Sagrada Familia, konzentrierte. Für private Bauherren gestaltete er nie wieder ein Wohnhaus. Der Bruch zwischen Bauherrn und Architekt war so tief, dass Gaudí sein Honorar sogar einklagen musste. Ein bitteres Ende einer zu Beginn so fruchtbaren Zusammenarbeit zweier Visionäre...

Die Casa Milà wurde 1910 fertig gestellt. Viele Künstler und Architekten wurden von ihr inspiriert, darunter auch Salvador Dalí, der euch etwas später im Buch begegnen wird. Stundenlang soll er vor den fließenden Wänden gesessen und gestaunt haben.

Doch die Pracht blieb nicht dauerhaft, Gaudís Meisterwerk erlebte auch schwere Zeiten. Schon kurz nach dem Ausscheiden des Architekten aus dem Projekt veränderte Roser Segimon die Inneneinrichtung in ihrer Wohnung. Im Gegensatz zu ihrem Mann konnte sie mit Gaudís Stil nichts anfangen und Louis-XVI-Stühlchen zogen ein. Später wurden viele der so großzügigen Wohnungen geteilt und wieder geteilt. Es zogen Büros ein und von der individuellen Inneneinrichtung blieb oft nicht viel übrig. Zur Zeit der Franco-Diktatur befand sich sogar eine Bingo-Halle im Haus! Alles war in hässliches Neonlicht getaucht und die einst hellen Wände waren rußgeschwärzt.

Zum Glück kaufte die katalanische Bank Catalunya Caixa (die heute zur BBVA gehört) die Casa Milà im Jahr 1986, sanierte sie von Grund auf und ermöglichte es seit 1996, sie wieder zu bestaunen. Ich kann euch einen Besuch nur empfehlen und bin selbst immer wieder ganz begeistert! Ihr könnt nämlich nicht nur eine Musterwohnung sehen, die man in den Originalzustand zurückversetzt hat, sondern auch auf dem fantastischen Dach spazieren gehen, die Aussicht genießen und im zauberhaften Dachgeschoss viel über Gaudís Arbeit lernen. Für mich ein *Muss* in Barcelona!

Steine, die Geschichten hierzu erzählen, findet ihr...

- An der Casa Milà: *Carrer de Provença 261-265, 08008 Barcelona* (DK)

41 Der Palau de la Música – Eine Symphonie in Stein

Ein letztes Mal möchte ich euch vom Architekten Domènech i Montaner erzählen. Wie ihr schon gesehen habt, hat dieser, ähnlich wie Gaudí, Barcelonas Stadtbild stark geprägt. Die beiden sollen große Konkurrenten gewesen sein. Domènech i Montaner war zwei Jahre älter als Gaudí, und als Gaudí sein Studium beendete, bereits Architektur-Professor. Vermutlich witterte er schon da die Konkurrenz, die sich entwickeln würde. Bei der Verleihung des Architektentitels an Gaudí (bei dem die Worte „Ich weiß nicht, ob wir den Titel heute einem Genie oder einem Wahnsinnigen verleihen, nur die Zeit wird es zeigen“, gefallen sein sollen) soll nur einer der Professoren auf nicht bestanden plädiert haben. Manche mutmaßen, es sei Domènech i Montaner gewesen...

Eine Konkurrenz begann in der Tat, doch Domènech i Montaner musste diese eigentlich nicht fürchten. Denn zu seiner Zeit war er bei Bürgern und Stadt deutlich beliebter als der „wilde“ Gaudí. Er gewann insgesamt fünf Mal die Plakette für das beste Haus des Jahres, Gaudí hingegen nur eine einzige (und die auch noch für sein schlichtestes Gebäude, die Casa Calvet in der Carrer de Casp).

Eine der Auszeichnungen erhielt Domènech i Montaner, sehr berechtigt, wie ich finde, 1909 für den Palau de la Música Catalana, den Palast der katalanischen Musik. Geht diesen auf jeden Fall besuchen, wenn ihr ein echtes Feuerwerk des Modernisme sehen wollt! Er liegt etwas versteckt in der Altstadt, im Ribera-Viertel. Dies ist der Tatsache geschuldet, dass die Bauherren damals zwar ein prächtiges Bauwerk errichten lassen wollten, doch Geld sparen wollten sie genauso gern. Sicherlich von Seny geleitet, erwarben sie ein günstiges Grundstück in den engen Gassen der Altstadt. Hier hatte zuvor ein Kloster gestanden. Auftraggeber war das Orfeó Català, eine katalanische Chorgemeinschaft mit einem überzeugten Katalanisten als Leiter. Dieser unterstützte aus Leibeskräften das Magazin „La Renaixença“, förderte einen jährlichen katalanischen Poesie-Wettbewerb und wollte als Krönung auch die katalanische Musik verbreiten – und preisen!

Darum bat er Domènech i Montaner, eine echte architektonische Symphonie zu gestalten. Diese sollte allen Besuchern von der Schönheit und Besonderheit der katalanischen Musik erzählen. Das tat Domènech i Montaner ausgesprochen erfolgreich. Sein Musikpalast strahlt, glitzert und überrascht in der schmalen Carrer de Sant Pere més alt. Ein mit Mosaik besetztes Türmchen auf der Gebäudeecke weist den Weg zum Palau. Nicht wundern: Links des Konzerthauses steht der Erweiterungsbau von 2003 mit seinem stilisierten Baum aus Mauerwerk. Doch da mir persönlich der Originalbau von 1909 viel besser gefällt, erzähle ich euch nur von ihm.

Was für einen großartigen Anblick bietet allein schon die farbenprächtige Hauptfassade! Gleich unter dem Dach findet ihr ein Mosaik, auf dem die Königin von Spanien dargestellt ist. Sie sitzt auf ihrem Thron, um dem Orfeó Català zu lauschen. Dessen Mitglieder stehen elegant gekleidet und mit Notenheft an der Seite der Herrscherin. Viele Mitglieder der Chorgesellschaft hätten sich eine solche Ehre nämlich sehnlichst gewünscht!

Natürlich dürfen wie an fast allen modernistischen Gebäuden auch Skulpturen nicht fehlen. Hier stehen die Figuren nicht für einen privaten Bauherrn, sondern für die (katalanische) Musik. Vier Büsten von elegant gekleideten Herren, die ihr zum Teil sicher kennt, empfangen euch: An der Hauptfassade stehen Da Palastrina, Bach und Beethoven, an der rechten Seitenfassade in der Carrer d‘Amadeu Vives noch Wagner. Auf der Gebäudeecke befindet sich außerdem eine große Skulpturengruppe. Die zentrale Figur kommt euch mittlerweile sicher sehr bekannt vor: Sant Jordi! Er verteidigt die Muse der katalanischen Musik (das junge Mädchen in der Mitte). Umringt sind die beiden von Alt und Jung, von Arm und Reich, von Arbeitern, Studenten, Soldaten und Kindern. Alle gemeinsam beschützen sie die Musik.

Mit Materialien wie Sichtmauerwerk, Stahl und viel Glas zeigt die Fassade des Palau de la Música, was dank der Industrialisierung für Konstruktionen möglich wurden. Doch Domènech i Montaner kombinierte diese modernen Materialien mit glasierter Keramik, Mosaik und Skulpturen. So lief er nicht Gefahr, dass sein Palast nach einer Fabrik aussah, sondern schuf etwas sehr Harmonisches.

Dank Barcelonas erster Vorhangfassade (dieses Konzept kennt ihr ja schon dank der Casa Milà) schaffte Domènech i Montaner es, riesige Flächen zu verglasen. Er baute ein Schmuckkästchen aus buntem Glas und Licht. Wenn euch die Außenseiten des Gebäudes mit ihrer Opulenz und Farbenpracht schon begeistern, so schaut euch unbedingt auch das Innere an! Den unglaublichen Konzertsaal mit seinem prächtigen Glasoberlicht seht ihr entweder im Rahmen von Führungen oder ihr bucht ein Konzert und erlebt ihn gleich richtig. Ich empfehle euch eine Aufführung am Tag, dann strahlt der Raum dank des Sonnenlichts in all seinen Facetten. Wollt ihr für weniger Geld zumindest einen kleinen Einblick bekommen, so ist mein Tipp: Geht um die Ecke in die Carrer del Palau de la Música, am Erweiterungsbau vorbei und ins Café. Hier könnt ihr für den Preis von einem Cafè amb Llet, einem Milchkaffee, in der herrlichen Jugendstil-Atmosphäre schwelgen. Auch das beeindruckende Treppenhaus mit seinen honiggelben Glassäulen und Rosen überall könnt ihr so Weise sehen.

Für viele ist der Palau de la Música das schönste Bauwerk des Modernisme. Andere Betrachter fühlen sich jedoch von der Pracht ein bisschen erschlagen und bevorzugen reduzierte Formen. Das gab es auch zu Domènech i Montaners Zeiten schon. Als der Musikpalast im Jahr 1909 eröffnet wurde, überschlugen sich die Kritiker vor Begeisterung über das fantastische Bauwerk. Doch bald mehrten sich auch Stimmen, die im Gebäude eine abscheuliche Geldverschwendung oder eine Geschmacklosigkeit sahen. Der Modernisme hatte seinen Zenit inzwischen überschritten. Nach aller Opulenz drehte sich der Wind hin zu Schlichtheit und die klassische griechische und römische Antike dienten (wieder einmal) als Vorbild. Auch die Akustik bereitete Probleme, seit der Bau der Via Laietana voranschritt. So kam es, dass schon kurz nach der Eröffnung Anwohner, aber auch einige Architekten, den Abriss des Konzerthauses forderten! Das geschah jedoch nicht und dank Nachbesserungen bei der Akustik, vor allem durch eine vorgesetzte zweite Glasfassade, ist der Musikgenuss heute ungetrübt. Wenn ich vor dem Palau de la Música stehe, denke ich immer an den schönen Spruch am Wiener Sezessions-Gebäude (*Sezession* war der österreichische Jugendstil):

„Der Zeit ihre Kunst. Der Kunst ihre Freiheit“. So könnt ihr zum Glück auch heute noch dieses ganz besondere Bauwerk besuchen – und selbst urteilen.

Steine, die Geschichten hierzu erzählen, findet ihr...

- Am Palau de la Música Catalana: *Carrer del Palau de la Música 4-6, 08003 Barcelona* (AT)

42 Der kleine Daniel aus dem Raval

Für diese Geschichte machen wir zuerst einen kurzen Ausflug nach Griechenland – genauer gesagt nach Thessaloniki. Diese Stadt war nach 1492, nachdem die Katholischen Könige die Juden und Mauren aus Spanien vertrieben hatten, zum sogenannten Jerusalem des Balkans geworden. Denn der Sultan des damaligen Osmanischen Reiches, das auch Thessaloniki mit einschloss, ermöglichte es den Vertriebenen, sich dort anzusiedeln. Schon 1520 sollen in der Stadt die Hälfte der Einwohner Juden gewesen sein. Diesen sowie den dort ansässigen Christen wurde Autonomie in der Regelung ihrer Angelegenheiten zugestanden und sie genossen den Schutz des islamischen Rechts. Die Menschen jüdischen Glaubens pflegten ein reges kulturelles Leben und ihre Synagogen, Schulen und Zeitungen prägten lange Jahre die Stadt.

Doch im Jahr 1912 änderte sich die Situation, denn ein Krieg auf dem Balkan brach aus und die Privilegien der Juden wurden nach und nach eingeschränkt. Als 1913 der griechische König ermordet wurde, beschlossen auch in Thessaloniki viele jüdische Familien, Griechenland zu verlassen. Etliche entschieden sich nach Spanien zu gehen, in das Land, aus dem ihre Urahnen vor vielen Jahrhunderten ausgewiesen worden waren.

Einer der Männer, der sich mit seiner Familie auf den beschwerlichen Weg machte, war Isaac Carasso. Er, seine Frau und seine Kinder brachen 1912 auf und trotz des 1914 ausbrechenden ersten Weltkrieges schafften sie es nach Frankreich. Einige Jahre später kamen sie endgültig am Ziel an – in Barcelona. Hier suchte Carasso nach einer Möglichkeit den Lebensunterhalt für seine Familie zu verdienen. Von bulgarischen Hirten hatte er etwas über Joghurtproduktion erfahren und, beeinflusst durch die Arbeiten des russischen Bakteriologen und Nobelpreisträgers Metschnikow, suchte er nach einer Methode, vor allem den Kindern Barcelonas zu helfen. Denn viele litten unter Verdauungsproblemen und Carasso war überzeugt, diesen mit Joghurt beikommen zu können.

So begann ab 1919 in der Wohnung der Familie in der Carrer dels Àngels Nummer 16 im Raval die hauseigene Joghurt-Herstellung! Die zu Beginn etwa 400 Gläser wurden anfangs ausschließlich über die Apotheken der Stadt vertrieben und eher als Medizin angesehen. Erst die Anerkennung des Produktes durch die Ärztekammer 1923 half bei seiner Verbreitung, denn Joghurt war bis dahin beinahe allen Menschen in Katalonien unbekannt gewesen. Von der Bourgeoisie aus begann der Siegeszug des Carasso-Joghurt und ein Name musste her. Vater Carasso entschied sich für den jiddisch-spanischen Spitznamen seines Sohnes Daniel. Dieser lautete *Danon*: *Der kleine Daniel*. Um den Namen als Marke eintragen zu können, ergänzte er noch ein *e* – und mit dem Namen *Danone* war eine Weltmarke geboren, die nach und nach viele Länder eroberte. 1929 übernahm der Sohn, der nun nicht mehr so kleine Daniel Carasso, das Geschäft des inzwischen industriell hergestellten Joghurt. Er gründete in Paris die Société Parisienne du Yoghourt Danone. Das Jahr 1930 verhalf den Danone-Produkten zu noch mehr Popularität: Die Infantin des spanischen Königshauses, Isabel, eine ausgemachte Joghurt-Liebhaberin, erklärte Danone zum Hoflieferanten. Als Gegenleistung für diese Ehre belieferte Carasso karitative Projekte der Prinzessin – eine Hand wäscht die andere!

1937 kam der erste Fruchtjoghurt der Welt auf den Markt. Heute selbstverständlich, war dies damals eine echte Innovation! 1939, im Jahr des Ausbruchs des zweiten Weltkrieges, starb Isaac Carasso. Daniel und seine Familie zogen daraufhin in die USA. Unter dem Namen Dannon und mit dem Slogan „The real yoghourt“ wurde das Milchprodukt auch in Amerika populär – und seine Beliebtheit ist bis heute ungebrochen...

Leider deutet beim alten Haus der Carassos in der Carrer dels Àngels 16 heutzutage nichts mehr auf diese kleine, große Geschichte hin. Außer neun zugespachtelten Löchern in der

Wand, wo bis vor einigen Jahren noch eine Erinnerungs-Plakette hing, die von Carasso erzählte. Das Schild war von der Stadtverwaltung angebracht worden, wurde jedoch, so sagt man, von den Bewohnern des Hauses wieder abmontiert. Denn diese hatten sich geärgert, dass die Stadt ihnen keine Zuschüsse für Sanierungsmaßnahmen im Gebäude zugestand. Als Revanche soll die Plakette dann über Nacht verschwunden sein…

Schade, aber ihr kennt ja nun den Hintergrund dieser neun Löcher – und wisst, wo der Joghurt, den ihr vielleicht selbst ab und zu genießt, seinen Ursprung hat!

Steine, die Geschichten hierzu erzählen, findet ihr…

– In der Carrer dels Àngels, Nummer 16: *Carrer dels Àngels 16, 08001 Barcelona* (DL)

43 Auf der Plaça de George Orwell

Viele Menschen weltweit kennen George Orwells dystopische Romane „1984“ oder „Die Farm der Tiere“. Weniger bekannt ist jedoch, dass der britische Autor im Spanischen Bürgerkrieg an der Seite der Republikaner gegen Francos Truppen gekämpft hat – und dass er deswegen in Barcelona mit einem Platz, der seinen Namen trägt, geehrt wird!

Im Dezember 1936 kam Orwell, von sozialistischen Ideen angetrieben, gemeinsam mit seiner Frau nach Barcelona, um sich den sogenannten Internationalen Brigaden anzuschließen. Dabei handelte es sich um eine Armee von Freiwilligen aus dem Ausland, zum Beispiel aus England, Frankreich und Deutschland, die sich zusammenschloss, um dem faschistischen Putsch den Kampf anzusagen. Auch Orwell wollte helfen. So traf er, einige Monate nachdem die Anarchisten Francos Männer (vorerst) geschlagen hatten, in Barcelona ein. Er muss fasziniert von dem komplett veränderten Alltag Barcelonas nach der Machtübernahme durch Arbeiter und Anarchisten gewesen sein. In seinem Buch „Mein Katalonien“, das er 1938 über seine Erfahrungen im Spanischen Bürgerkrieg verfasste, schrieb er unter anderem:

„Zum ersten Mal war ich in einer Stadt, in der die arbeitende Klasse im Sattel saß. Die Arbeiter hatten sich praktisch jedes größeren Gebäudes bemächtigt und es mit roten Fahnen oder der rot und schwarzen Fahne der Anarchisten behängt. (...) Nach dem äußeren Bild zu urteilen, hatten die wohlhabenden Klassen in dieser Stadt praktisch aufgehört zu existieren. (...) Es gab vieles, was ich nicht verstand. In gewisser Hinsicht gefiel es mir sogar nicht. Aber ich erkannte sofort die Situation, für die zu kämpfen sich lohnte.“

Orwell wollte seinen Platz in den Truppen finden, war jedoch irritiert, auf seine Frage, wo er sich eintragen könne, um gegen Franco in den Krieg zu ziehen, eine Gegenfrage zu erhalten – *Für* wen er denn kämpfen wolle? Denn zu Beginn des Spanischen Bürgerkrieges gab es vom demokratischen bis zum ganz linken Spektrum verschiedenste Gruppierungen (und damit auch Ideologien), deren größte Gemeinsamkeit darin bestand, Franco schlagen zu wollen. Unter den Milizen befanden sich Anarchisten, Marxisten, Republikaner, Antifaschisten, Demokraten, Sozialisten... Eine verstrickte Ausgangslage.

Ohne eine wirklich fundierte Wahl treffen zu können, trug Orwell sich bei der POUM, der Partido Obrero de Unificación Marxista (der Arbeiterpartei der Marxistischen Einigung) ein. Er zog mit seinen Kameraden an die Front nach Aragó im Norden Kataloniens. Doch dort musste er sich mit der bitteren Realität abzufinden lernen, dass die Frauen und Männer zwar von Tapferkeit und Willen angetrieben waren – dass aber der Feind um Längen besser ausgerüstet war. Denn wo die Miliz zum Teil noch mit Gewehren aus dem ersten Weltkrieg kämpfen musste, da besaß Francos Armee Panzer, Maschinengewehre und später auch noch die Unterstützung der deutschen und italienischen Luftwaffe. Ein hoffnungsloser Kampf Davids gegen Goliath.

Ende April 1937 durfte Orwell auf Urlaub nach Barcelona reisen und checkte mit seiner Frau im Hotel Continental auf den Rambles (das es bis heute gibt) ein. Dort stellte er jedoch mit Schrecken fest, dass sich der Wind in der Stadt gedreht hatte. Er schrieb darüber:

„Ein einschneidender Wechsel war über die Stadt gekommen. Zwei Tatsachen boten den Schlüssel für alles andere. Einmal hatten die Leute – also die Zivilbevölkerung – sehr viel von ihrem Interesse am Krieg verloren; zum zweiten behauptete sich wieder die normale Unterscheidung der Gesellschaft in reich und arm, Ober- und Unterklasse. Die allgemeine Gleichgültigkeit gegenüber dem Krieg war überraschend und ziemlich widerwärtig.“

Zusätzlich sah Orwell betrübt, dass die Anarchisten und die marxistische POUM jetzt von einer anderen Kraft kontrolliert und ersetzt wurden – den Kommunisten, die mittlerweile Unterstützung von Stalin erhalten hatten.

Am 3. Mai 1937 explodierte das ideologische Pulverfass auf den Straßen Barcelonas. Orwell musste sich Kämpfen auf den Rambles anschließen, wo er die von der POUM genutzte Gebäude verteidigte. Wenn ihr auf den Rambles ein wenig auf seinen Spuren wandeln möchtet, so schaut bei der Biblioteca Andreu Nin (benannt nach dem Leiter der POUM) im Süden der Allee vorbei. Im Bürgerkrieg stand dort ein Hotel, in dem sich POUM-Milizen im Urlaub aufhielten.

Im heute geschlossenen Teatre Principal befand sich 1937 das Lokal-Kommittee der POUM, hier erlebte Orwell die Verwirrung und das Chaos dieser Mai-Tage. Lauft ihr ein Stück weiter die Rambles hinauf, so seht ihr links die Dachkuppeln des Teatre Poliorama. Von dort oben bewachten Orwell und seine Kameraden das POUM-Hauptgebäude auf der anderen Straßenseite – in dem heute das Rivoli Hotel residiert. Die Kontrahenten, Sturmgardisten mit kommunistischer Unterstützung, waren direkt nebenan im Café Moka stationiert. Auch dieses gibt es heute noch, es ist allerdings komplett modernisiert.

„Was sich, zum Teufel, eigentlich ereignete, wer gegen wen kämpfte und wer gewann, konnte man zunächst nur schwer feststellen." schrieb der Autor über diese chaotischen Zustände, deren Ursachen sich auch Jahre später nur langsam klärten. Es war, durch falsche Propaganda und vermutlich auch mit Hilfe des russischen Geheimdienstes (dem die antistalinistische POUM und die Anarchisten ein Dorn im Auge waren), in Barcelona ein Bürgerkrieg im Bürgerkrieg entstanden. Kommunisten bekämpften Anarchisten und Marxisten. Anstelle eines vereinten Kampfes gegen den gemeinsamen Feind Franco hatte die Schlacht der zu unterschiedlichen Ideologien überhand genommen.

In diesen wirren Wochen 1937 kehrte Orwell zurück an die Front in Aragó – um jedoch noch im selben Monat ins Krankenhaus eingeliefert zu werden. Denn nachdem er die meiste Zeit Soldat in einem zähen Stellungskrieg gewesen war, brachte ihm eines der wenigen tatsächlichen Gefechte einen Halsdurchschuss ein. Er überlebte auf wundersame Weise, seine Halsschlagader blieb unversehrt und er fuhr nach Barcelona zurück. Dort jedoch war die Lage für Mitglieder der POUM und für Anarchisten inzwischen lebensbedrohlich geworden. Nach der endgültigen Machtübernahme durch die Kommunisten wurden politische Gegner inhaftiert und oft auch erschossen. Orwells Frau, die auf ihn gewartet und die Gefahr erkannte hatte, in der ihr Mann wegen seiner POUM-Mitgliedschaft jetzt schwebte, warnte ihn gleich nach seiner Ankunft. Gemeinsam schafften sie es, Spanien zu verlassen.

Im Juli 1937 war Orwell zurück in England, wo er, tief geprägt von seinen Erlebnissen, begann, seine Erinnerungen niederzuschreiben. Sein Buch „Mein Katalonien“ zu veröffentlichen, stellte sich dann jedoch als kompliziert heraus. Viele sozialistische Verleger waren eher pro-russisch eingestellt und wollten ein Werk über einen negativen Eingriff Stalins in den Spanischen Bürgerkrieg oft gar nicht erst lesen. 1938 jedoch erschien es dann bei einem kleineren Verlag in London.

Auch für seine späteren Romane „Farm der Tiere“ und „1984“ waren die Erinnerungen Orwells an seine Zeit in Katalonien prägend und Kritik am Stalinismus, an Herrschaft durch Terror und am Überwachungsstaat wurden zu Leitmotiven.

Ihr findet den Platz, der Orwells Namen trägt, im Süden des Gotischen Viertels, in der Nähe der Plaça Reial. Doch im Gegensatz zum königlichen Nachbarplatz ist die Plaça de George Orwell eher ein Treffpunkt der alternativen Szene. Es gibt vegetarische Restaurants, studentische Kneipen und in den angrenzenden Straßen einige kleine Clubs. Hier merkt man, dass der Süden des Stadtteils noch rauer ist als der recht touristische Norden. Geschaffen wurde der Platz erst 1990, im Rahmen des sogenannten Esponjament. Mit dieser „Schwamm-Technik“ wollte man die dicht bebaute Altstadt durch den Abbruch von Häusern und der Gestaltung von Plätzen etwas luftiger machen. Die Lage im rauen Teil des Gòtic wurde der Plaça de George Orwell in sofern zum Verhängnis, als dass sie schnell zu einem Haupt-Umschlagpunkt für Drogen aller Art wurde (besonders, da die Plaça Reial wieder strahlend-schön und die Szene von dort weiter gezogen war). Der Spitzname des Platzes, Plaça del Tripi (Platz des Drogentrips), war rasch in aller Munde.

2001 wollte die Stadtverwaltung Barcelonas das Problem lösen – und begann, an verschiedenen Orten Überwachungskameras zu montieren. Der Sänger Manu Chao fasste diese ironische Fügung so zusammen:

„Symbolisch ist es einfach nur unglaublich, dass der Platz, der nach George Orwell benannt wurde, unter den ersten der Stadt ist, die unter Videoüberwachung gestellt werden."

Was Orwell selbst wohl dazu gesagt hätte. . . ?

Steine, die Geschichten hierzu erzählen, findet ihr. . .

- Auf der Plaça de George Orwell: *Plaça de George Orwell, 08002 Barcelona* (DM)
- Am Hotel Continental: *La Rambla 138, 08002 Barcelona* (DN)
- Am Hotel Rivoli: *La Rambla 128, 08002 Barcelona* (DO)
- Am Café Moka: *La Rambla 126, 08002 Barcelona* (DP)
- Am Teatre Principal: *La Rambla 27-29, 08002 Barcelona* (DQ)
- An der Bibliothek Andreu Nin: *La Rambla 30-32, 08002 Barcelona* (DR)

44 *Die Plaça de Sant Felip Neri – Wer schreibt Geschichte?*

Immer wenn man eine Stadt besucht, nimmt man sich in seiner Erinnerung den einen oder anderen Ort mit, der besonders beeindruckt oder bezaubert hat. Denn es gibt diese Fleckchen, an denen man etwas länger bleibt als an anderen. Wo man einfach einen Moment vor sich hinträumt oder an denen man sich etwas genauer umschaut und versucht sich vorzustellen, was dort im Lauf der Jahrhunderten alles passiert sein mochte.

Für mich ist die kleine Plaça de Sant Felip Neri so ein Ort. Denn sie ist nicht leicht zu finden. Man muss schon hin wollen und wissen, wo sie ist. Oder alternativ ganz bewusst in den kleinen Gassen rund um die Kathedrale verloren gehen, durch Zufall durch den Steinbogen laufen und auf diesen verwunschenen kleinen Platz stoßen.

Die Plaça de Sant Felip Neri wechselt ihren Charakter je nach Tageszeit. Mal ist es sehr laut und wuselig dort, dann wieder gibt es Momente, an denen man mit den umgebenden Häusern, dem Wasserplätschern am Brunnen und dem Schattenspiel der Blätter beinahe allein ist. Ich genieße beide Facetten und ich möchte euch gerne erzählen, warum.

Der Platz war nicht schon immer so, wie ihr ihn heute erleben könnt. Sein aktuelles Aussehen – und auch einige der ihn umgebenden Gebäude – erhielt er erst in den 1950er Jahren. Schaut euch die Häuser einmal genauer an: Ihr seht eine barocke Kirche – die des Sant Felip Neri, des Schwarzen Philipps (die übrigens Antoni Gaudís Lieblingskirche war). Diese scheint besonders im unteren Bereich viele Schäden davongetragen zu haben. Ganze Teile der Wand wirken abgeplatzt, überall hat der Stein Löcher. Auch die Ornamente sind teilweise abgebrochen. Das Gebäude links der Kirche besitzt im oberen Teil deutlich neuer aussehendes Mauerwerk, es scheint ein Riss hindurch zu gehen. Und nochmal weiter links steht ein rötlich gestrichenes Haus, das so gar nicht zum Rest des Ensembles passen will.

Auf der rechten Seite des Gotteshauses findet ihr zwei sehr hübsche alte Bauwerke, die aussehen, als hätten sie schon immer hier gestanden – aber sie wirken nur so... Denn bei ihnen handelt es sich um (schon ganz am Anfang des Buches erwähnte) Tetris-Häuser: Originalfassaden und Teile von alten Zunfthäusern, die bis Anfang des 20. Jahrhunderts noch an anderer Stelle standen, die man dann abbaute und auf die richtige Gelegenheit wartete, sie woanders wieder zu errichten. In diesem Fall sind es die Zunfthäuser der Kesselmacher und der Schumacher (schaut einmal nach den Schuhen an der Fassade...).

Es ist also offensichtlich, dass auf diesem Platz etwas Besonderes passiert sein muss – aber was? Wollte man dies herausfinden, so spielte es bis vor nicht allzu langer Zeit eine Rolle, wen man fragte. Denn es gab eine offizielle Version der Geschichte von Sant Felip Neri, die man bis 1975 weitergab – und es gab eine zweite offizielle Version nach 1975. Ihr ahnt, es hat etwas mit der Diktatur zu tun, die in diesem Jahr endete.

Unter Franco war die Erklärung für die Schäden auf dem Platz die Folgende: Im Spanischen Bürgerkrieg, der 1936 begann, hätten die Anarchisten Priester, Mönche und Nonnen vor die Wand der Kirche gestellt – und sie dort erschossen. Los Rojos (Die Roten), also besonders Anarchisten und Kommunisten, waren die schlimmsten Feindbilder in Zeiten der Diktatur. Mit dieser Version der Geschichte konnte man Angst und Hass weiter nähren. Doch erklären Gewehrkugeln tatsächlich solche Schäden? Die Risse im Mauerwerk weiter oben? Die merkwürdig angearbeitet wirkende Fassade in der Carrer de Sant Felip Neri? Die meisten Zweifler an der Erschießungs-Theorie hielten zu Zeiten der Diktatur wohlweislich den Mund und selbst Augenzeugen hatten gegen diese Geschichte, die die Sieger schrieben, keine Chance.

Mit dem Ende des Faschismus war es aber endlich an der Zeit, die Wahrheit über die Plaça de Sant Felip Neri zu sagen. Leider mussten traurige 32 weitere Jahre ins Land gehen, bis man endlich eine Plakette an der Wand neben der Kirchenfassade anbrachte, die darüber informiert, was wirklich passiert war:

Ja, die Schäden der Gebäude am Platz stammen aus dem Spanischen Bürgerkrieg. Aber nein, sie sind nicht die Folge von Gewehrkugel-Einschlägen.

Es handelt sich um deutlich mächtigere Waffen, die den größten Teil der Kirche zum Einsturz brachten – nur die Hauptfassade blieb stehen – und die umliegenden Häuser schwer beschädigten. Denn ab 1937 hatten sich zwei mächtige Männer der damaligen Weltpolitik mit General Franco verbündet: Benito Mussolini aus Italien und Adolf Hitler aus Deutschland. Mit vereinter Stärke ging man den Kampf gegen Teile von Francos eigenem Volk an. Hitler und Mussolini nutzten den Spanischen Bürgerkrieg als Test für ihre Luftwaffe (Hitler plante damals schon, was ab 1939 als Zweiter Weltkrieg Nationen erschüttern sollte). Beide Herrscher schickten also ihre Bomber nach Spanien. Hitler ließ vor allem den Norden des Landes bombardieren, Mussolini stationierte seine Luftwaffe auf Mallorca und griff den Süden an.

In diesem Krieg wandte man zum ersten Mal in großem Maßstab an, was die modernen Waffen inzwischen ermöglichten – die Zerstörung nicht mehr nur von strategischen Zielen wie Fabriken, Brücken und Bahnhöfen, sondern auch von ganzen Städten. Je mehr das Volk leiden müsse, desto schneller wäre die Moral am Boden und ein kriegsmüdes Volk wäre schneller besiegt, so die neue Taktik.

Die Tötung unschuldiger Zivilisten in der Stadt Guernica im Baskenland 1937, als deutsche Flieger an einem Markttag mitten ins Geschehen hinein ihre Angriffe flogen, verarbeitete der Künstler Pablo Picasso in seinem gleichnamigen Bild. In Barcelona begann die Bombardierung 1938 und die Angreifer folgten dabei einer perfiden Strategie: Zuerst warf man große Bomben ab, die die Dächer der Häuser zerstörten und bereits viele Menschen verletzten oder töteten. Kamen dann Helfer herbei geeilt, folgte die zweite Bombardierung, diesmal mit Brandbomben, die in den teils zusammengebrochenen Gebäuden ein leichtes Spiel hatten, größtmöglichen Schaden anzurichten.

Als Barcelonas Luftalarm am 30. Januar 1938 erschallte, suchten in der Kirche von Sant Felip Neri vor allem Kinder Schutz. Traurigerweise handelte es sich zum Teil um Kinder, die aus anderen Teilen des Landes von ihren Eltern ins noch nicht besiegte Barcelona gesandt worden waren. Doch eine der Bomben schlug genau in die Kirche ein und zerstörte große Teile des Gebäudes. Helfer, die die Kinder aus dem Keller retten wollten, wurden von den nächsten Bomben selbst schwer verletzt oder sogar getötet. So kamen an diesem traurigen Tag allein auf der Plaça de Sant Felip Neri 42 Menschen ums Leben – und mehr als die Hälfte davon waren Kinder...

Die Strategie der faschistischen Machthaber ging auf – zu Beginn des Jahres 1939 kapitulierten mit Barcelona und Madrid die letzten zwei großen Städte im Land vor der Übermacht der Angreifer. Es folgte die Zeit, in der die Gewinner die Geschichte nach ihren Wünschen schreiben konnten und man verbreitete die Version von Anarchisten, die Geistliche erschossen hätten. Denn selbstverständlich sah es für Franco wenig rühmlich aus, dass er so viele seiner Landsleute, auch Kinder, auf dem Gewissen hatte. Also schob man die Schuld – wie schon so oft in der Geschichte – lieber auf einen Sündenbock.

Mir wurde erzählt, dass ein Mädchen, das im Keller der Kirche Sant Felip Neri ihren Bruder durch den Bombeneinschlag hatte sterben sehen, jedes Jahr am 30. Januar in der Schule aufgestanden sei und gesagt habe „Heute ist der Tag, an dem man meinen kleinen Bruder umgebracht hat“. Und dass sie jedes Jahr aufs Neue von den unterrichtenden Nonnen geschlagen wurde, die ihr sagten, sie lüge. Es habe keine Bombardierung gegeben und die Schuldigen seien die Anarchisten. Ich weiß nicht, ob das Mädchen 1975 noch lebte. Ich wünsche es ihr, damit sie endlich ungestraft die Wahrheit aussprechen konnte. Und falls sie auch 2007 noch am Leben war, so hat sie vielleicht das Anbringen der Plakette gesehen, die die Wahrheit endlich schriftlich bestätigte.

Ich bin froh, dass ich diese Geschichte nicht so traurig beenden muss, wie ich sie angefangen habe. Denn die Plaça de Sant Felip Neri mutet heute zwar noch immer sehr melancholisch an, aber sie kann sich auch – besonders mittags – mit ganz viel Leben füllen. Plötzlich steht ihr mitten in einer Fußballpartie oder einer Runde Gummitwist! Im Gebäude rechts der Kirche befindet sich nämlich inzwischen die Escola de Sant Felip Neri: eine Schule! Wenn es zur Pause klingelt, dann wird aus dem Ort des leisen Gedenkens der Schulhof für laute, wilde, ausgelassene Kinder – zum Glück!

Für Filmfreunde unter euch noch zwei kleine Hinweise zum Schluss:

Als im Jahr 2005 der deutsche Regisseur Tom Tykwer nach Drehorten für sein neues Werk suchte, war er ganz begeistert von der mittelalterlichen Atmosphäre Barcelonas. Also machte er die Stadt zum Schauplatz für viele Szenen des Films „Das Parfüm“. Eine davon drehte er hier: Unter dem Steinbogen am Platzeingang tötet der Hauptprotagonist, der besessene Grenouille, sein erstes Opfer.

Eine fröhlichere Szene aus einem anderen Genre wurde ebenfalls hier gefilmt: In Woody Allens „Vicky Cristina Barcelona“ speisten die Protagonisten in einem Restaurant auf dem Platz.

Steine, die Geschichten hierzu erzählen, findet ihr…

– Auf der Plaça de Sant Felip Neri: *Plaça de Sant Felip Neri, 08002 Barcelona* (DS)

Die Plaça de Sant Felip Neri verbindet Melancholie und Freude

45 *Joan Miró und ein Stern für Barcelona*

Im Gegensatz zu Pablo Picasso, dessen Genie nicht nur früh erkannt, sondern dessen Talent auch von seinem Vater sehr ambitioniert gefördert wurde, hatte es der 1893 in Barcelona geborene Joan Miró schwer. Sein Vater wünschte sich für den Stammhalter nämlich nicht die wilde Welt der Bohemiens, sondern etwas viel Sichereres: Buchhalter sollte sein Sohn werden.

Doch der Junge versuchte sein Glück ab 1907 an der Llotja, Barcelonas Kunstakademie – dem Ort, an dem auch Picasso 12 Jahre zuvor eine Zeit lang studierte. Dort tat man sich aber lange schwer zu sehen, dass Miró durchaus Talent mitbrachte und der uneinsichtige Vater meldete ihn dann doch zur Buchhalter-Lehre an. Mit 17 Jahren begann Miró also tatsächlich, in der Buchhaltung zu arbeiten, doch nach nur einem Jahr am Schreibtisch erkrankte er. Er hatte einen Nervenzusammenbruch und litt an Typhus. Da sah auch der Vater ein, dass die Welt der Zahlen und Bücher nichts für seinen Sohn war.

Um wieder gesund zu werden, reiste Miró nach Mont-Roig in der Nähe von Tarragona, ins Landhaus seiner Eltern. Dort sowie an einer privaten Kunstschule in Barcelona begann er, erst zögerlich, dann – auch dank erster Aufenthalte in Paris – immer bestimmter, seine ihm so eigene Formensprache zu entwickeln.

Leicht hatte es der junge Künstler aber in den ersten Jahren nicht. Seine frühen Bilder wollte keiner kaufen, er hungerte und fror im kalten Paris. Später erklärte er, dass dieser Hunger ihn in die surrealen Welten habe abgleiten lassen, deren Figuren er daraufhin zu Papier brachte.

In Paris halfen ihm Picasso und auch der Schriftsteller Ernest Hemingway bei seinem Weg nach oben: Picasso stellte ihn den richtigen Leuten vor und erwarb ein frühes Selbstportrait von Miró, Hemingway wiederum war Mirós Sparring-

Partner und begeistert vom riesigen Gemälde „Die Farm“, für das er sich sogar Geld lieh, um es kaufen zu können! Das gleiche Bild hatte Miró zuvor erfolglos Galeristen angeboten. Diese rieten ihm jedoch, es in mehrere zu Teile zerschneiden. Kleine Werke würden sich besser verkaufen...

In den späten 1920er Jahren hatte Miró seinen Stil gefunden – vermeintlich naive Szenen, dominiert von stilisierten Vögeln, Sternen und Frauen, die mit ihren klaren Farben und starken Konturen die Kunstwelt begeisterten. Die Werke waren aber durchaus nicht immer nur kindlich und bunt. Im Spanischen Bürgerkrieg zum Beispiel brachte Miró seine Wut und sein Entsetzen darüber, was Franco mit seinen Landsleuten machte, in düsteren Bildern und mit trüber Farbgebung zum Ausdruck. Er gestaltete Plakate, um zur Hilfe für Bürgerkriegsflüchtlinge aufzurufen. Außerdem lieferte er, neben dem (deutlich bekannteren) Bild „Guernica“ von Picasso, mit seinem Werk „El Segador“ („Der Schnitter“) einen wichtigen Beitrag zur französischen Weltfachausstellung 1937.

Heute kann man sich nicht mehr vorstellen, dass der weltberühmte Miró einmal ein schüchterner und unsicherer Mann war. Er gehört zu Barcelona wie wenige andere Künstler und ihr könnt ihm immer wieder in den Straßen der Stadt begegnen. Am präsentesten ist wohl das Logo der Sparkasse La Caixa, das tatsächlich von Miró selbst stammt!

Im Jahr 1979 schlug diese katalanische Sparkasse den Weg zu einem moderneren Design ein. Zu Beginn sollte eine amerikanische Werbeagentur ein Logo entwerfen. Diese präsentierte nach vielen Versuchen einen klar am Stil Mirós orientierten Stern und zwei Kreise. Doch das Original zu kopieren ist selten eine gute Idee. Das fand auch La Caixa und entschloss sich daraufhin, lieber den Künstler höchstpersönlich zu beauftragen.

Miró gestaltete ebenfalls einen Stern – aber dieser war, wie vieles von ihm, auf unterschiedliche Weise zu interpretieren. Wenn ihr euch vorstellt, dieser blaue Stern habe zwei Arme, zwei Beine und einen Kopf... dann wird aus dem gelben Kreis eine Münze und aus dem roten Kreis eine Spardose... Und ihr bekommt das perfekte Symbol für eine Sparkasse!

Auch auf den berühmten Rambles im Herzen der Stadt hat Miró seine Spuren hinterlassen – in Form eines Mosaiks, das täglich von tausenden Menschen mit Füßen getreten und oft gar nicht wahrgenommen wird! Aber die Allee ist eben auch ein echter Menschenfluss – selten hat man einen ganz unverstellten Blick auf das Werk. Ich empfehle euch, einmal möglichst früh am Morgen auf die Rambles zu gehen. Dann gehören sie beinahe euch und ihr könnt neben der schönen Straße auch das Mosaik in Ruhe bewundern.

Miró wollte mit seiner Arbeit der Stadt Barcelona, die unter der Diktatur Francos sehr gelitten hatte, etwas Farbe zurück geben. Heute glaubt man es nicht mehr, aber damals hatte die Stadt den Spitznamen Ciutat grisa, Graue Stadt, oder wurde mit der „Farbe eines Hundes, der wegläuft“ beschrieben. Der faschistische Herrscher hatte für Ästhetik und künstlerische Freiheit wenig übrig und so verkamen viele der heute wieder wunderschönen Orte.

Miró war großer Gegner der Diktatur und sah die Entwicklung in seinem Heimatland mit schwerem Herzen. Darum beschloss er, seinen Beitrag zu neuer Farbe für Barcelona zu leisten und Anreisende vom Landweg, vom Wasser und aus der Luft willkommen zu heißen.

Für Besucher, die mit dem Flugzeug ankamen, entstand 1968 am Terminal T2 ein Wandmosaik. Ihr seht es, wenn ihr aus dem Flughafengebäude tretet, an der Außenfassade. Für diejenigen, die vom Wasser, also von Barcelonas Hafen aus, ankamen, entwarf er 1976 das Mosaik für die Rambles. Und für alle, die über die großen Hauptstraßen von Westen in die Stadt fahren, errichtete Miró 1982, ein Jahr vor seinem Tod, mit „Dona i Ocell“ („Frau und Vogel“) eine 22 Meter hohe Statue im nach ihm benannten Parc de Joan Miró.

Natürlich wäre Miró nicht Miró, wenn nicht auch in diesen Werken eine Vielschichtigkeit läge, die viel Interpretationsfreiheit ermöglicht. Die Statue im Park sieht nur zu Beginn wie eine Frau mit Hut und Vogel auf dem Kopf aus. Tritt man näher heran und schaut sie sich von allen Seiten an, so erkennt man auch sehr viel archaischere Motive von Frau – und Mann...

Auch sein Rambles-Werk verbirgt, glaubt man vielen Barcelonesen, neben dem „Kreis als perfekten Ur-Form" auch eine fröhliche Strandszene! Seht auch ihr das Männchen, den Ball, die rote Sonne, den gelben Sand und die blaue Welle?

Steine, die Geschichten hierzu erzählen, findet ihr...

- Im Museum Fundació Joan Miró: *Parc de Montjuïc, 08038 Barcelona* (DT)
- Auf den Rambles: *Pla de l'Os, La Rambla s/n, 08002 Barcelona* (DU)
- An der Außenfassade des Flughafen-Terminals T2: *08820 Barcelona* (DV)
- Im Parc de Joan Miró: *Carrer de Tarragona 76, 08015 Barcelona* (DW)
- An der Fassade des (ehemaligen) Restaurants Orotava: *Carrer del Consell de Cent 335, 08007 Barcelona* (DX)
- In der Passatge del Crèdit, Nummer 4 war Mirós Geburtshaus: *Passatge del Crèdit 4, 08002 Barcelona* (DY)

Der dritte Künstler im Geschichtenmosaik erlangte Weltberühmtheit dank seiner technisch perfekt gemalten schmelzenden Uhren, brennenden Giraffen und verzerrten Gestalten, aber durchaus auch aufgrund seines besonderen Charakters. Der im Jahr 1904 in Figueres, einer Stadt an der Costa Brava im Norden Kataloniens, geborene Salvador Dalí war ohne Zweifel einer der ganz Großen der Kunstgeschichte. Wie wenige andere beherrschte er den Pinsel mit einer Perfektion und Detailgenauigkeit, die dazu führte, dass manche ihm ein zwanghaftes Bedürfnis nach Ordnung nachsagten. Doch die Ergebnisse seiner in Madrid erworbenen klassischen Kunstausbildung waren schnell fernab jeglicher traditioneller Malerei. Mit seinen Motiven oft anzüglicher oder sogar ekelerregender Art schreckte Dalí viele Betrachter und Kritiker auf.

Die Kunstrichtung des Surrealismus, die man mit *über der Realität* übersetzen könnte, war dem exzentrischen Mann wie auf den Leib geschrieben. Sich über die Realität begeben, zeigen, dass Kunst in Zeiten der Fotografie keineswegs hinfällig geworden war, sondern dass man mit ihr die Wirklichkeit überwinden und die Perspektive des Betrachters verändern konnte, scheint Dalís erklärtes Ziel gewesen zu sein. Er wird zitiert mit den Worten „Die aktuelle Definition heißt: ‚Der Surrealismus bin ich‘; so wie Ludwig XIV gesagt hat: ‚Der Staat bin ich.‘ So ist die Realität: Der Surrealismus – das ist Dalí!“.

Bescheidenheit, so scheint es, war nicht unbedingt seine Haupttugend.

Dalí, der Maler, aber ebenso Dalí, der Mensch, gaben immer wieder Rätsel auf. War er ein Genie? Ein Wahnsinniger? Hatte er bereits als Kind eine Veranlagung zu Manie und Psychosen oder war sein Image nur das Resultat einer kalkulierten Selbstinszenierung? Legte er sein Privatleben demonstrativ offen oder verbarg er es im Gegenteil sehr geschickt hinter einem Theaterstück und ließ seine Fans glauben, dass er und seine Frau Gala so und nicht anders lebten? Stand hinter einem labilen Mann eine starke Frau und nur ihr war es zu verdanken, dass sich die „Marke Dalí“ so außerordentlich erfolgreich verkaufen ließ?

Der Vorhang zu und alle Fragen offen, könnte man sagen, denn Dalí starb 1989. Seine Gemälde, Skulpturen und Filme jedoch verlangen dem Betrachter bis heute oft einiges ab.

Wo findet ihr nun also Werke des Katalanen Dalí in Barcelona, wenn ihr doch auch immer wieder auf eine Arbeit von Picasso oder Miró trefft? Nirgends.

Der Grund hierfür findet sich leider in einer der für mich erschreckendsten neuen Informationen, auf die ich während meiner Arbeit als Stadtführerin gestoßen bin: Dalí stand in politischer Hinsicht auf der völlig anderen Seite von Miró und Picasso. Obwohl selbst Katalane, hatte er für Kataloniens Hauptstadt Barcelona scheinbar nicht viel übrig, umso mehr jedoch für die Landeshauptstadt Madrid und – leider – wohl auch für den dort 37 Jahre lang herrschenden Diktator Franco.

Der vermeintliche Sauberkeitsfanatiker Dalí soll einmal über Franco gesagt haben, er reinige Spanien von destruktiven Kräften. Anders als Miró und Picasso, die mit ihren Werken ihren Protest gegen die Diktatur ausdrückten, soll Dalí Franco immer wieder geschmeichelt haben. Als in Deutschland Hitler an die Macht kam, distanzierte Dalí sich nicht vom Faschismus. Nein, auch hier soll er lobende Worte geäußert haben, so dass der Künstlerkreis der Surrealisten mit Mitgliedern wie André Breton und Max Ernst ihn schon im Jahr 1934 aus seinen Reihen verstieß.

Während des Bürgerkrieges blieb Dalí Spanien fern, und als der zweite Weltkrieg um sich griff, ging er mit seiner Frau in die USA. Erst 1948 kehrte er in sein Heimatland zurück, wo die Diktatur sich fest etabliert hatte. Bereits kurz nach seiner Rückkehr begann seine Wandlung vom Atheisten zum

Katholiken. Seine Gemälde wurden immer häufiger von Jesus oder der Jungfrau Maria dominiert.

Darum erhielt er im Jahr 1964 das „Gran Cruz de Isabel la Católica“, das „Große Kreuz von Isabel der Katholischen“. Diese Ehre wurde im franquistischen Spanien nur besonders loyalen und gläubigen Spanier zuteil.

1975 zog Dalí den Hass vieler seiner Landsleute auf sich. Denn, obwohl bereits schwer krank, erließ Franco kurz vor seinem Ende ein Todesurteil gegen vier vermeintliche Terroristen. Viele hatten darauf gehofft, dass der Diktator in seinen letzten Monaten etwas milder sein würde. Das harte Urteil schockierte also In- und Ausland gleichermaßen. Aber Dalí schien mit dieser Entscheidung zufrieden. Er schickte dem Herrscher ein Glückwunsch-Telegramm und soll in einem Interview geäußert haben, es müssten noch mehr Hinrichtungen erfolgen. Er wird mit den Worten „Wir brauchen dreimal mehr Exekutionen. Aber für den Augenblick reichen sie“ zitiert.

Manche verteidigten Dalís Aussagen und schrieben sie der Ironie zu. Das Schmeicheln des Diktators habe so große Ausmaße angenommen, dass davon auszugehen sei, dass Dalí sich auf seine surrealistische Weise über Franco lustig mache. So bleibt der weltberühmte Dalí, der 1989 in seiner Geburtsstadt Figueres starb, bis an sein Ende für die meisten ein Buch mit sieben Siegeln. Für mich persönlich jedoch hat sein Ansehen als Mensch – nicht als Maler – leider großen Schaden genommen.

Reden wir wieder über ihn als Künstler, so finden wir seine Werke, wie schon angekündigt, nicht in Barcelona. Möchtet ihr euch also gern Dalí-Originale anschauen, dann macht einen Ausflug an die Costa Brava. In Figueres, im Teatre Museu Dalí, befindet sich eine der umfangreichsten Ausstellungen über das Werk des exzentrischen Mannes. In seinem ehemaligen Wohnhaus in Portlligat (wo es sich lohnt, Karten im Voraus zu besorgen – begrenztes Kontingent!) erfahrt ihr, wie der Künstler lebte und arbeitete.

Doch Dalí hätte es nicht in das Geschichten-Mosaik geschafft, wenn er nicht zumindest kleine Spuren in Barcelona hinterlassen hätte.

Um diese zu finden, geht einmal zur Plaça Reial. In der an den Platz angeschlossenen kleinen Gasse Carrer del Vidre findet ihr ein kleines „Schmuckkästchen“ – die Herboristeria del Rei, den Kräuterladen des Königs, in dem seit 1823 duftende Kräuter, Öle, Tees, Salben, Blutegel... und auch Artikel des Malerbedarfs verkauft wurden! Dalí soll hier nicht nur Pigmente für seine Farben erworben haben, sondern auch ein bestimmtes Wachs zum Zwirbeln seines oft kopierten aber nie erreichten Markenzeichens – seines Schnurrbarts!

Und nicht nur Dalí war beeindruckt von dem hübschen Geschäft, sondern Jahre später auch Regisseur Tom Tykwer, von dem ihr im Geschichtenmosaik ja bereits etwas lesen konntet. Er mietete 2005 tagelang die Herboristeria für eine Szene des Films „Das Parfüm“...

Im Haus gleich nebenan auf der Plaça, das heute ein Restaurant namens Mariscco beherbergt, befand sich von 1926 bis 1991 etwas völlig Anderes – das Museo Pedagógico de Ciencias Naturales. Ein sehr spezieller Ort, der es sich seit 1889 zum Ziel gemacht hatte, Tiere zu sezieren, zu präparieren und zu präsentieren! Private Sammler wie auch naturwissenschaftlich Interessierte waren begeistert und illustre Persönlichkeiten wie Miró oder auch die Schauspielerin Ava Gardner gingen ein und aus. Da durfte auch Dalí nicht fehlen! Angeblich hatte dieser einmal ein ihn außerordentlich begeisterndes Erlebnis mit einem überfahrenen Igel: Als er das Tier umdrehte, sollen viele, viele Ameisen heraus gekrabbelt sein. Darum erzählt man sich, Dalí habe an der Plaça Reial 200.000 präparierte Ameisen bestellt. Ein Auftrag, der ihm so nicht erfüllt werden konnte. Doch einige Exemplare habe man ihm hergestell und Ameisen finden sich, vermutlich als Symbole für Tod und Verfall, immer wieder in seinen Arbeiten.

1956 schuf Dalí die Skulptur „Nashorn gekleidet in Spitze“ (anscheinend inspiriert durch Dürers „Rhinocerus“ in Kombination mit Vermeers „Spitzenklöpplerin“). Er begann, mit Rhinozeros-Hörnern zu malen und das besondere Tier ließ ihn einige Jahre nicht los. „Ich glaube, man muss, um vom Spitzenmacher zur Sonnenblume, von der Sonnenblume zum Nashorn und vom Nashorn zum Blumenkohl übergehen zu können, etwas Außergewöhnliches unter der Schädeldecke haben“, so wird er aus dieser Zeit zitiert. Und 1960 soll er an der Plaça Reial tatsächlich, neben einem Löwen und einem Tiger, ein kleines Nashorn präpariert haben – um sich dann darauf auf Rollen über den Platz fahren zu lassen! Das Restaurant Mariscco erinnert bis heute an diese sonderbare Begebenheit – mit einem „ausgestopften“ Dalí, der auf einem Rhinozeros reitet. Schaut einmal durch die großen Fenster...

Das Schild des Museo Pedagógico de Ciencias Naturales hängt übrigens bis heute an der Fassade des Gebäudes.

Wenn ihr nun aber auch in Barcelona etwas Dalí-Kunst sehen möchtet? Dann geht in den nächsten Kiosk, kauft euch einen Lolli der Marke Chupa Chups – und ihr seht ein Logo, das tatsächlich Dalí gestaltet hat! Denn obwohl die weltbekannte Marke sehr amerikanisch wirkt (ich dachte das auch viele Jahre lang), begann sie doch sehr klein im Jahr 1958 in Lleida im Norden Kataloniens – mit einem Bonbon auf einem Holzstäbchen, nachdem es immer wieder Beschwerden der Mütter über klebrige Finger ihrer Kinder hagelte...

1969 wurde Dalí beauftragt, ein prägnantes Logo zu entwerfen. Der Erfolg der Lutscher hat sicher auch etwas mit deren knalligen Farben und der geschwungenen Schrift zu tun – in der man mit etwas Fantasie Dalí‘s Schnurrbart zu sehen glaubt...

Steine, die Geschichten hierzu erzählen, findet ihr...

- Im kleinen Kräuterladen Herboristeria del Rei: *Carrer del Vidre 1, 08002 Barcelona* (DZ)
- Gleich nebenan im Restaurant Mariscco: *Plaça Reial 8, 08002 Barcelona* (EA)

47 „Kein schöner Strand in dieser Zeit"

Barcelona ist eine Stadt, die für jeden etwas zu bieten hat. Wer Architektur liebt, kommt natürlich auf seine Kosten, Kunstfreunde werden in den vielen Museen glücklich, gutes Essen gibt es sowieso und all das wird noch ergänzt mit... beinahe fünf Kilometern Sandstrand!

Dieser Stadtstrand ist meistens sehr gut in Schuss. Es gibt viel Infrastruktur, Beachvolleyball, Chiringuitos (das sind die kleinen Strandbars) und frischen Seewind. Doch was man sich heute nicht mehr vorstellen kann – bis in die späten 1980er Jahre hinein war niemand in Barcelona am Meer interessiert – denn es gab keinen nennenswerten Badestrand!

Die Industrialisierung hatte nämlich dazu geführt, dass die Barcelonesen begannen, mit dem Rücken zum Meer zu leben – obwohl sie doch jahrhundertelang als Fischer und Seehändler davon profitiert hatten.

Doch die vielen neu gebauten Fabriken, vor allem aus Textilindustrie und Metallbau, ließen ihre Abwässer direkt ins Meer laufen. Die Küstenlinie füllte sich mit rauchenden Schornsteinen und schnell waren sowohl Luft als auch Wasser in Mitleidenschaft gezogen. Eine Zuglinie trennte dann auch noch Stadt und Meer voneinander. An Baden war nicht zu denken und das wollte auch keiner mehr.

Heute wäre ein Grundstück in direkter Meerlage Gold wert – damals waren die einzigen, die nah am Wasser lebten, Menschen, die sich nichts anderes leisten konnten. Barackensiedlungen auf dem Strand wurden errichtet und in diesen einfachen Hütten lebten Fabrikarbeiter und Roma-Familien. Kamen im Winter die starken Stürme, so rissen Wellen immer wieder einen Teil der Baracken mit sich. Die leidgeprüften Bewohner mussten ihr Heim dann neu aufbauen.

Aus einer der Barackensiedlungen, Somorrostro genannt, stammte eine der größten Flamencotänzerinnen aller Zeiten. Ihr Name war Carmen Amaya. Schon als kleines Kind lernte sie von ihrem Vater das Tanzen. Sie entwickelte (auch, wie sie sagte, durch das viele Laufen und Tanzen am Strand) so starke Beine, dass man seinen Augen kaum traut, wenn man sie in Filmen tanzen sieht. Ihre Füße treten mit einer Geschwindigkeit und einer Stärke auf das Parkett, dass einem schwindlig wird. Amaya schaffte in den 1950er Jahren als Ausnahmetänzerin dann tatsächlich etwas, von dem so viele träumten – den Sprung aus den Baracken bis nach Hollywood und auf die großen Bühnen Amerikas! Sie traf sogar die Königin von England und den amerikanischen Präsidenten Roosevelt. Doch sie vergaß nie, wo ihre Wurzeln waren – in den Hütten von Somorrostro. So kam sie dann auch ganz selbstverständlich zur Einweihung eines Brunnens, der ihren Namen trägt – und erinnerte sich daran, wie weit sie als Kind die Wassereimer zu ihrer Baracke tragen musste...

Sucht einmal nach Fotos der Küste Barcelonas aus den 1960er und 70er Jahren. Ich vermute, ihr werdet genauso verblüfft sein wie ich. Und schaut unbedingt auch ein Video mit Carmen Amaya, dann versteht ihr, was ich mit schwindlig meine...

Inzwischen sind die Barackensiedlungen, die es nicht nur auf dem Strand, sondern zum Beispiel auch auf dem Hausberg Montjuïc und in der Nähe des Park Güell gab, Geschichte. Deren ehemalige Bewohner hat man in richtige Wohnhäuser umgesiedelt. Keine schönen Häuser, das muss ich zugeben, in Eile und architektonisch lieblos errichtet, aber immerhin mit Strom und fließendem Wasser ausgestattet.

Diese – und viele weitere – Veränderungen verdankt die Stadt Barcelona hauptsächlich den Olympischen Spielen von 1992. Heute sehen manche die Spiele kritisch. Es wird zum Beispiel gegen die Tendenz zu immer größeren, teureren Spielen auf Kosten der Umwelt protestiert. Andere sagen, sie seien nicht zum Nutzen der Bewohner der Stadt, sondern nur einige wenige Politiker und Baufirmen würden von ihnen profitieren. Auch der Verdacht von Korruption hinterlässt im Zusammenhang mit Olympia einen faden Beigeschmack. So kam es, dass zum Beispiel in München und Hamburg eine mögliche Austragung der Spiele durch Bürger-Referenden verhindert wurde.

In Barcelona im Jahr 1986 sah die Sache jedoch anders aus. Denn die Diktatur war erst seit elf Jahren vorüber und die Spuren der langen Zeit der Unterdrückung noch längst nicht beseitigt. Viele Städte, auch Barcelona, waren während der Franco-Herrschaft sehr heruntergekommen. Eine Zeit lang hatte der Diktator versucht, das Land wirtschaftlich komplett abzuschotten, woraus Hunger und Versorgungsengpässe für die Bevölkerung resultierten. Erst in den 1960er Jahren öffnete sich Spanien wieder. Touristen wurden allmählich angezogen, der Wirtschaft ging es besser – doch der Prozess war ein langwieriger. Wenn es darum geht, erst einmal das Volk mit Lebensmitteln, Arbeit und Alltagsgegenständen zu versorgen, dann ist kein Geld da, um sich auch um das schöne Aussehen der Städte zu kümmern.

Die ganz bitteren Zeiten waren 1986 zum Glück vorbei, doch Barcelona, die *Graue Stadt*, war eben noch immer – grau. Also ging ein Jubelschrei durch die Straßen, als die Leute erfuhren, dass die Olympischen Spiele 1992 dort ausgetragen werden würden. Eine große Kampagne zum „Make-Up“ der Stadt begann: „Posa‘t guapa Barcelona“, „Mach dich hübsch, Barcelona“! Freiwillige wurden gesucht – und gefunden, denn über 34.000 Menschen beteiligten sich am Großreinemachen.

Man begann, in der Altstadt und im Eixample Häuser zu restaurieren, schuf kleine Plätze mit mehr Grün und erwarb Skulpturen für die Stadt (über ein paar davon sprechen wir später auch noch). Doch ich finde, dass die Veränderungen am besten am Meer zu sehen sind:

Kies und Schotter wichen einem schönen Sandstrand. Ein Großteil des Sandes wurde im übrigen importiert und wird auch heute noch im Frühling mit einer Art Pistenraupe neu verteilt. Die Strandpromenade wurde saniert, die Restaurants am Meer und eine komplett neue Infrastruktur entwickelt. Man realisierte die Zwillings-Hochhaustürme Arts Hotel (mit dem weißen Stahlgerüst vor der Fassade) und Torre Mapfre (1992 für die Pressevertreter, heute als Bürohochhaus genutzt). Der Olympische Segelhafen wurde gebaut, in dem heute private Boote vor Anker liegen. Der kanadische Architekt Frank O. Gehry (den ihr möglicherweise vom Guggenheim Museum aus Bilbao oder vom „Neuen Zollhof“ in Düsseldorf kennt) steuerte mit dem „Pez d‘Or“, dem „Goldenen Fisch“, die Eingangsskulptur für ein Restaurant und ein neues Markenzeichen für Barcelonas Silhouette bei. Im Hintergrund von alledem, dort wo noch bis in die 1970er Fabriken in Betrieb waren, ersetzte man Industriehallen durch Häuser, die zusammen das Olympische Dorf ergaben. Heute nutzt man sie als Mietobjekte und nur der eine oder andere stehengelassene Schornstein erinnert noch an die industrielle Vergangenheit des Viertels – die noch gar nicht so lange her ist.

Wie fast alles im Leben hatten aber diese großen Veränderungen nicht nur Licht-, sondern auch (kleine) Schattenseiten. Ein Bestandteil des Großreinemachens war nämlich der Abriss der sogenannten Berenadors. Das waren nicht gerade sehr dekorative, aber authentische und unter den Einwohnern der Stadt beliebte einfache Buden am Meer, in denen Fischerfamilien einen Teil des täglichen Fanges direkt vor Ort kochten und servierten. Dort konnte man bis 1986 mit Blick auf die See eine simple, aber köstliche Platte frittierten Fischs und ein Bier genießen. Ganze Familien fanden sich regelmäßig zum Meeresfrüchte-Essen ein. Diese schlichten Restaurants mussten Chiringuitos weichen, die sich eher auf schicke Cocktails und Häppchen spezialisiert zu haben scheinen – auch lecker, aber eben nicht das gleiche.

Eine, die diese Berenadors bitterlich vermisste, war die deutsche Bildhauerin Rebekka Horn, die lange Jahre in Barcelona gelebt hatte. Als Beitrag für Olympia schuf sie eine Skulptur namens „Estel Ferit“, „Der verletzte Stern“. Vielleicht habt ihr das Werk schon gesehen – vier einfache, rostige Metallboxen mit Fenstern, krumm und schief aufeinander gestapelt, die an die schlichten Fischerrestaurants von damals erinnern sollen und einen Kontrast zum Blau des Meeres darstellen.

Steine, die Geschichten hierzu erzählen, findet ihr…

- Auf der Moll de la Marina, von der aus ihr den Goldenen Fisch, die Zwillingstürme, den Olympiahafen und die Strände sehen könnt: *Moll de la Marina, 08005 Barcelona* (EB)
- Bei den Erinnerungsplaketten für die Barackensiedlung am Strand, etwa auf Höhe des Krankenhauses Hospital del Mar: *Platja del Somorrostro, 08005 Barcelona* (EC)
- Am Brunnen Font de Carmen Amaya: *Carrer de Miquel Boera 13, 08003 Barcelona* (ED)
- Am Kunstwerk „Estel Ferit“: *Passeig Marítim de la Barceloneta s/n, 08003 Barcelona* (EE)

48 Keith Harings Vermächtnis

Nun möchte ich euch gern von einem Künstler erzählen, der zwar nicht aus Katalonien kam, Barcelona jedoch eines seiner Werke hinterlassen hat. Ich finde diese Arbeit besonders ergreifend und bin immer froh, wenn sie nicht übersehen wird.

In den späten 1970er Jahren begann ein junger Mann aus Pennsylvania namens Keith Haring in New York, illegale Kreidezeichnungen auf leeren Werbeflächen in U-Bahn-Schächten zu hinterlassen. Es handelte sich um im Vorbeifahren schnell zu erfassende Szenen – eckige Hunde, Menschen, Herzen... Er brachte etwas Spaß in diese Welt unter der Erde, aber immer wieder wurde er wegen des Drangs, sich künstlerisch auszuleben, von der Polizei wegen Sachbeschädigung festgenommen.

Doch Haring blieb dem Traum treu, seine eigene Kunst zu schaffen. Allmählich entwickelte er seinen Stil weiter, ging zu plakativen Farben über und Strichmännchen begannen, seine fröhlichen Arbeiten zu bevölkern. Dank dieser erlangte er Anfang der 1980er Jahre Berühmtheit in der Kunstszene und wurde so populär, dass man irgendwann seine Figürchen nicht nur auf Kunstdrucken, sondern auch auf Plastikuhren und Wodkaflaschen erwerben konnte... Aus dem illegalen Aktivisten war ein Künstler geworden und immer mehr Aufträge, auch für Wandgemälde, erreichten ihn.

Doch strahlende Babies und bunte Labyrinthe machten Ende der 1980er nach und nach Platz für düsterere Themen. Eine dieser eindringlicheren Arbeiten findet ihr in Barcelona.

Schaut einmal beim Museum für zeitgenössische Kunst, dem MACBA im Raval, vorbei. Wenn ihr vor der Hauptfassade entlang nach links lauft, an der Rampe mit all den Skatern vorbei, bei den kleinen studentischen Cafés rechts einbiegt und um die Ecke des großen weißen Museums geht, dann seht ihr die vertrauten Strichmännchen, grellrot auf grauer Betonwand.

Haring kam nämlich 1989 auf seinem Rückweg von einer Kunstmesse in Madrid auch nach Barcelona, in eine Stadt, die er unbedingt sehen wollte. Auf einer Vernissage traf er zufällig eine Freundin aus New York, Montse Guillén (sie hatte in New York ein Restaurant eröffnet und den Amerikanern das Konzept der Tapas näher gebracht). Als diese ihn fragte, ob er nicht Lust habe, auch in Barcelona ein Wandgemälde zu realisieren, sagte er spontan zu. Er machte aber zur Bedingung, dass er sich die Wandfläche selbst aussuchen wolle. Die beiden sprachen bei der Stadtverwaltung vor, die sofort ihr Einverständnis gab, und machten sich dann auf die Suche nach der richtigen Wand.

Fündig wurde Haring auf der Plaça de Salvador Seguí im Raval, in der Nähe des heutigen modernen Vier-Sterne-Hotels Barceló. Er suchte eine leicht geneigte Wand aus, die sich an heruntergekommene Häuser im damals noch sehr verrufenen Viertel lehnte. Haring begründete seine Wahl damit, dass diese Gegend der Stadt ihn an die etwas schäbigen Ecken in New York erinnere, wo er zu malen begonnen hatte. In nur fünf Stunden, mit Musik auf den Ohren, pinselte er sein 34 Meter langes Werk mit roter Farbe auf den Beton. Schon einen Tag später verließ er Barcelona wieder.

Haring verlangte kein Geld für diese Arbeit. Es war ihm eine Herzensangelegenheit, die Botschaft, die er bereits in anderen Ländern verbreitet hatte, auch nach Barcelona zu bringen: „Schweigen ist Tod“. Dieses düstere Motto hatte sich in Harings Werken eingefunden, weil eine neue, zu diesem Zeitpunkt noch unbekannte Krankheit begann um sich zu greifen. Sie sorgte für Angst und Schrecken, besonders in der Schwulenszene in Künstlerkreisen. Man stand ihr damals machtlos gegenüber – AIDS.

Im Spanischen heißt die Krankheit SIDA: Síndrome de Inmunodeficiencia Adquirida. Diese Abkürzung findet ihr auch im Bild Harings beim MACBA. Denn der Künstler hatte 1985 begonnen, sich dem Kampf gegen die Immunschwächekrankheit zu widmen. Seine knallbunten Figuren wurden zu Botschaftern, die dazu aufriefen, AIDS nicht zu verschweigen, sondern darüber zu sprechen, Betroffene zu unterstützen und noch nicht Erkrankte zu warnen.

In seinem Werk in Barcelona seht ihr eine lange Schlange, die für die Krankheit und die von ihr ausgehende Bedrohung steht, eine Spritze, die vor der Gefahr des Drogenkonsums – und der Ansteckung mit AIDS – warnen soll, und einige Figuren, die vor der Schlange fliehen. Doch Haring schlägt mittels anderer Männchen vor, was man anstelle des Weglaufens tun solle: Augen, Ohren und Mund nicht verschließen, sondern gemeinsam dagegen ankämpfen, verhüten und reden. Und wie eine Schere schafft es der Zusammenhalt der Figuren, die Schlange zu zerschneiden.

„Todos juntos podemos parar el SIDA“, „Alle zusammen können wir AIDS stoppen“, war ein Wunsch, der für Haring selbst leider nicht mehr in Erfüllung gehen konnte. Denn er hatte 1988 erfahren, dass auch er an der Immunschwächekrankheit litt. Ein Jahr nach seinem Besuch in Barcelona starb er in New York.

Sein Wandgemälde blieb an der Plaça de Salvador Seguí, bis die dortigen alten Gebäude für den Bau der sogenannten Filmoteca, des städtischen Filmarchivs, 2004 abgerissen werden mussten. Doch das Team des MACBA hatte vorher mehrere Schablonen des Originals auf großen Plastikplanen anfertigen lassen. So waren die Figuren auch nach Abriss der alten Wand gerettet.

Im Jahr 2014, 25 Jahre nachdem Haring selbst den Pinsel in die Hand genommen hatte, schuf man in Absprache mit der „Keith Haring Foundation“ (die der Künstler zu Lebzeiten gegründet hatte, um Aids-Opfern und ihren Angehörigen zu helfen) die Replik, die ihr heute beim MACBA sehen könnt. Interessanterweise brauchte das Team insgesamt fünf Tage für die Kopie – wo Haring doch nur fünf Stunden benötigt hatte...

Ich persönlich finde, dass Harings Arbeit hervorragend an ihren neuen Platz passt, denn heute gerät das damals so brisante Thema AIDS leider wieder etwas in den Hintergrund.

Und an diesem Ort voller Skater, Studenten und Besucher der Stadt ist Harings Appell aktuell wie schon 1989.

„Alles, was man macht, ist eine Sucht nach Unsterblichkeit.“, hat Haring einmal gesagt. Vielleicht hat er sich mit seinen Wandgemälden ein bisschen Unsterblichkeit ermöglichen können.

Steine, die Geschichten hierzu erzählen, findet ihr…

- Auf dem Platz links vom MACBA: *Carrer de Ferlandina, 08001 Barcelona* (EF)

49 Roy Lichtenstein und sein „Kopf von Barcelona“

Vielleicht ist euch ganz in der Nähe des alten Hafens Port Vell schon eine große und etwas merkwürdige Skulptur aufgefallen? Nein, nicht die komische Krabbe des Designers Mariscal (der auch das Olympia-Maskottchen „Cobi“ entworfen hat) auf der Promenade – die ist allerdings auch ein wenig seltsam... Ich meine ein großes Gesicht, teils mit Punkten, teils mit Mosaik besetzt und in Primärfarben gehalten, das gegenüber des prächtigen Postgebäudes steht.

Erinnern euch die Punkte an einen US-amerikanischen Künstler? Berühmt geworden ist dieser in den 1960er Jahren mit sogenannter Pop-Art, vor allem mit Bildern, die so aussehen wie überdimensional vergrößerte Comic-Strips aus der Zeitung, in denen man jeden einzelnen Farbpunkt sehen kann. Ja, die in Barcelona stehende Skulptur ist tatsächlich von Roy Lichtenstein!

Entstanden ist sie von 1991 bis 1992 im Rahmen der großangelegten Aktion, in der Bildhauer und Künstler aus aller Welt gefragt wurden, ob sie für die Verschönerung Barcelonas vor den Olympischen Spielen eines ihrer Werke beisteuern würden. Der kolumbianische Künstler Fernando Botero steuerte dafür zum Beispiel den knuffigen „El Gato“ (einen Kater aus Bronze von beeindruckenden Dimensionen, der auf der Rambla del Raval sitzt) und auch ein sehr üppiges Pferd für das Terminal T2 des Flughafens bei.

Auch Lichtenstein schloss sich der Initiative gerne an. Seit den späten 1970er Jahren arbeitete er im dreidimensionalen Raum und 1991 befand er sich gerade in seiner „Brushstrokes-Phase“, schuf also Werke, die wirkten, als seien sie mit ein paar schnellen, kräftigen Pinselstrichen gefertigt worden. Seine Skulptur für Barcelona nannte er „Head of Barcelona“ oder „Kopf von Barcelona“. Allen voran verneigte er sich damit vor einem der „größten Köpfe“ der Stadt – vor Antoni

Gaudí. Denn ihr seht in der Oberfläche zerbrochene und neu zusammengesetzte Keramik. Der Name dieses Mosaiks aus unregelmäßigen Stücken ist Trencadís, er leitet sich vom katalanischen Verb *trencar*, *zerbrechen*, ab. Die eigenwillige Interpretation des klassischen Mosaiks war eine von Gaudí sehr geschätzte Technik, die er immer weiter entwickelte.

Doch der „Kopf von Barcelona" lässt noch weitere Würdigungen erkennen. Denn da sind die Primärfarben Rot, Gelb und Blau, zusammen mit Schwarz und Weiß – eine ganz beliebte Kombination auch beim Künstler Joan Miró (ihr denkt jetzt vielleicht, wie ich, an das Mosaik auf den Rambles?).

Die Tatsache, dass die ganze Skulptur doch recht surreal anmutet und dass uns aus dem Kopf oben noch ein kleinerer zweiter Kopf, schwarz mit gelben Augen, anblickt, könnte vielleicht eine Hommage an Salvador Dalí sein.

Doch Lichtenstein war vor allem auch glühender Bewunderer von... Pablo Picasso! Wenn ihr möchtet, sucht einmal nach Lichtensteins Bild „Femme d'Alger" von 1963 – und dann zum Vergleich nach dem Original Picassos, „Femmes d'Alger" von 1955. Oder, hier wird es noch deutlicher, Lichtensteins „Reflections on interior with girl drawing" von 1990 und dessen Vorlage, „Intérieur avec une jeune fille dessinant" von 1935. Auch Picassos kubistisch in ihre Facetten zerlegte Frauengesichter spiegeln sich somit im „Kopf von Barcelona" wieder – und die große Skulptur ehrt damit vier der bekanntesten katalanischen (und ehren-katalanischen) Künstler! Ich sehe sie mittlerweile mit neuen Augen – und ihr?

Steine, die Geschichten hierzu erzählen, findet ihr...

- In der Skulptur „Head of Barcelona": *Passeig de Colom s/n, 08003 Barcelona* (EG)
- In der Skulptur „El Gato": *Rambla del Raval, 08001 Barcelona* (EH)

50 Mal so richtig typisch essen gehen?!

Nach diesem bunten Geschichtenmosaik habt ihr Hunger bekommen? Falls ihr gerade in Barcelona weilt, dann wäre es doch jetzt an der Zeit, so richtig typisch essen zu gehen!

Vielen fällt bei einem traditionellen Gericht aus Barcelona zuerst die Paella ein. Die Sache hat aber einen Haken: Traditionell ist das Essen schon, jedoch nicht in Barcelona! Die beliebte Reispfanne stammt aus der Stadt Valencia in der südlichen Nachbarregion Kataloniens. Man mag es kaum glauben, aber früher war Paella beinahe ein Arme-Leute-Essen und Resteverwertung noch dazu. Klassischerweise an einem Donnerstag, wenn sich von den Tagen der Woche schon einiges an Resten angesammelt hatte, setzte man eine große Pfanne aufs Feuer. Diese lieferte auch gleich den Namen des Gerichtes: *Paella* bedeutet *Pfanne*! Man briet Gewürze, übrig gebliebenes Gemüse, Reis und etwas Fleisch. Beim Fleisch handelte es sich um Sorten, die sich auch etwas ärmere Menschen leisten konnten: Schnecken, die man sammeln konnte. Kaninchen, die man im Wald fing. Und wer das Glück hatte Hühner zu besitzen, schlachtete eines davon.

Das so entstandene Gericht, die Paella Valenciana, ist *die* traditionelle Zubereitungsart. Bis heute findet ihr sie auf vielen Speisekarten Valencias. Die Valencianer sind sehr stolz auf ihr Gericht und manche wollen von Variationen nichts hören oder sehen. Wehe, wenn ein britischer Fernsehkoch sich anschickt, eine Paella mit Chorizo, Paprikawurst, zuzubereiten! Auch die Paella Marisco mit Meeresfrüchten, die viele von uns als *den* Klassiker empfinden, stößt bei manchem valencianischen Puristen auf Ablehnung. Und die Paella mixta, Reis mit Fisch *und* Fleisch, wird gar von den Valencianos als Paella de turistas, Touristen-Paella, geschmäht. . .

Wenn ihr trotzdem eine schöne Paella genießen wollt, so seid gewarnt: Eine richtig gute ist, da sie eben nicht aus Katalonien stammt, in Barcelona nicht leicht zu finden. Lasst euch am Besten von Freunden, die die Stadt kennen, von Stadtführern oder im Hotel ein gutes Restaurant empfehlen. Billig ist eine gute Paella nicht, sonst leidet die Qualität und vor allem auch die Menge an Einlage. Bringt außer Hunger auch Geduld mit, denn die Reispfanne sollte mindestens 20 Minuten brauchen, bis sie auf den Tisch kommt. Dann ist sie perfekt – unten etwas angebacken für herrliche Röstaromen, oben weich und mit zarter Einlage. Anders herum, also oben trocken und unten weich, zeugt leider von einer bereits zubereiteten Paella, die im Konvektomaten erwärmt wurde. Achtet auch auf Restaurants, die auf immer gleich aussehenden Schildern bis zu acht optisch perfekte Sorten Paella zu Kampfpreisen anbieten – und esst dort nicht! Diese Gerichte werden tiefgefroren geliefert und nur noch aufgewärmt. Ein letzter Hinweis: Traditionell isst man Paella mittags, denn abends liegt die Menge an Reis oft schwer im Magen.

Wenn nun also die Paella kein katalanisches Gericht ist – wie wäre es mit einem Tisch voller köstlicher Tapas? Auch hier gibt es ein *aber*: Auch die Tapas kommen nicht aus Barcelona! Diese kleinen Häppchen stammen ursprünglich aus Andalusien, deutlich weiter im Süden. Um ihre Entstehungsgeschichte ranken sich wahrscheinlich so viele verschiedene Mythen, wie es verschiedene Tapas gibt. Die zwei Geschichten, die mir am Besten gefallen, sind:

Im 19. Jahrhundert besuchte der spanische König Alfons der XIII. die Südküste in der Gegend der Stadt Cádiz. Er hatte Lust auf ein Gläschen Rotwein und wollte dieses gern auf einer Restaurant-Terrasse am Meer genießen. Doch es war ein sehr windiger Tag, und die Kellnerin fürchtete, Sand könne in das Glas seiner Majestät geweht werden. Was sollte sie tun? Das Glas mit der Hand abdecken, schickte sich nicht.

„Necesito una tapa“, dachte sie vermutlich, „Ich brauche einen Deckel“. Da habt ihr schon die Erklärung des Namens: *Tapa* heißt *Deckel*! Sie legte in ihrer Not eine kleine Scheibe Brot aufs Glas. Damit diese nicht so traurig aussah, garnierte sie sie mit einer Sardelle. So brachte sie den Wein zum König. Dieser soll verwundert gewesen sein, doch sie entgegnete so selbstbewusst, wie es ihr möglich war „Das ist eine Tapa, euer Majestät!“. Der König trank, aß – und soll ab da jedes Getränk zusammen mit einer Tapa bestellt haben...

Eine andere Version behauptet, dass die Tradition, zu Getränken kleine Häppchen zu reichen, durch durstige Soldaten entstand. Denn diese tranken immer wieder mal ein oder zwei Gläser zu viel, so dass deren Oberbefehlshaber den Gastwirten befahl, jedes Getränk für seine Männer ausschließlich mit Tapa zu servieren. So stellte sich die Trunkenheit immerhin etwas später ein.

Noch heute könnt ihr in manchen Regionen Spaniens mit Freunden etwas trinken gehen, durch die Bars ziehen – und ohne Essen zu bestellen auch (beinahe) satt werden. Denn zum Beispiel in Granada oder in Madrid serviert man immer noch kleine Häppchen, ein paar Oliven, etwas Käse oder ein Stückchen Schinken, zum Wein, Bier oder Sherry. Leider existiert dieser Brauch in Barcelona nicht – hier zahlt man, wird aber dafür auch richtig satt!

Die einzige in Barcelona erfundene Tapa stammt übrigens aus dem ehemaligen Fischerviertel Barceloneta. Sie nennt sich Bomba: Bombe. Klingt bedrohlich, ist aber nichts anderes als ein Bällchen aus frittiertem Kartoffelteig, gefüllt mit Hackfleisch und serviert mit pikanter Sauce und Allioli (Knoblauch-Mayonnaise). Geht also mal in die Barceloneta und sucht in den kleinen Gassen nach einer urigen Tapas-Bar und dem bombigen Häppchen.

Eine weitere kulinarische Spezialität, die Pintxos, liegen in langen Tresen hübsch beleuchtet und warten auf den Verzehr. Das sind meist Scheiben von Baguette, auf denen sich Krebssalat, Wurst, Sardellen, Käsecreme oder andere Leckereien befinden. Zusammengehalten werden die Aufbauten mittels eines Zahnstochers. *Aufspießen*, auf Spanisch *pinchar* genannt, gibt den Häppchen ihren Namen. Kommt diese Speise denn nun aus Barcelona? Ich muss euch ein letztes Mal enttäuschen: Auch die Pintxos haben ihren Ursprung woanders, in ihrem Fall im Baskenland. Bei der Neueröffnung eines Restaurants in Sant Sebastián soll man sie werbewirksam auf einem Teller in die Eingangstür gestellt haben. Daraus entwickelte sich ein blendendes Geschäftsmodell. Die Pintxos haben übrigens fast immer einen Einheitspreis, und ihr sammelt die Zahnstocher, anhand derer am Ende abgerechnet wird.

Was ist denn jetzt typisch katalanisches Essen? Nun, es gäbe zum Beispiel das katalanische Nationalgericht Pa amb Tomaquet – Tomatenbrot! So simpel es klingt, so köstlich ist es, wenn ihr es ganz frisch zubereitet. Hierfür braucht ihr geröstete Brotscheiben, die mit aufgeschnittenen, frischen Knoblauchzehen eingerieben werden. Es folgen halbierte Tomaten, die ihr auf dem Brot auspresst. Am Schluss träufelt ihr ein wenig Olivenöl darüber, etwas Salz – und fertig ist die Beilage zu (fast) allem. Wichtig ist die Reihenfolge, sonst habt ihr matschiges Brot, auf dem ihr den Knoblauch nicht mehr reiben könnt. Die süße Variante ist genauso köstlich – ohne Knoblauch und Tomaten, statt dessen mit dunkler, geschmolzener Bitterschokolade, Salz und Olivenöl.

Viele katalanische Gerichte kommen deftig und bodenständig daher, zum Beispiel Mandonguilles amb Sèpia – Hackfleischbällchen mit Tintenfischsauce, oder Botifarra amb Seques – Bratwurst mit weißen Bohnen. Man liebt herzhafte Eintöpfe wie die sogenannte Escudella. Auch die Kombination von Fisch und Fleisch kommt in Katalonien sehr gut an. Diese Mischung bezeichnet man als Mar i Muntanya – Meer und Berge. Es gibt eine katalanische Version der Paella, Fideua genannt, die im Grunde der valencianischen sehr ähnelt, nur wird sie mit Nudeln anstelle von Reis zubereitet. Oft findet ihr auch den salzgetrockneten und vor Zubereitung wieder eingeweichten Bacallà – Stockfisch – sei es als Salat mit Zwiebeln, Paprika und Oliven oder auch überbacken. Saisonal gehören Steinpilze und Reizker, Kaninchen, Caracoles genannte Schnecken oder auch Calçots auf den Speiseplan. Letztere sehen aus wie etwas größere Frühlingszwiebeln, die man so lange grillt, bis sie pechschwarz sind. Dann schält man sie, tunkt sie in Romesco, ein köstliche katalanische Sauce, hält das Ganze in die Luft und „zuzelt“ es aus. Dazu darf ein Porró nicht fehlen, eine Art gläserne Karaffe mit zwei Öffnungen, aus der man sich im hohen Bogen Rotwein in den Mund gießt. Oder daneben. Eine herrliche Gelegenheit, sich mal wieder wie ein Kind zu fühlen – komplett mit Ruß beschmiert und voller Flecken – oder den Chef mit Schlabberlätzchen zu sehen!

Der in fast allen Restaurants servierten Crema Catalana hört ihr es schon an: Wenigstens die stammt tatsächlich aus Katalonien! Sie ist eine köstliche Version der Crème Brulée, etwas anders gewürzt, aber mit genauso knackig flambierter Zuckerkruste, die auf der Zunge zergeht. Etwas leichter, aber auch sehr lecker, kommt Mel i Mató, eine Art fester Frischkäse mit Honig, daher. Dazu ein Glas Cava – katalanischer Schaumwein – oder Orxata – köstliche, süße Erdmandelmilch, und ihr fühlt euch wie Gott in Katalonien!

Also dann: „Bon profit!“ – „Guten Appetit!“

Nachwort

Ich hoffe, dass ihr auf der Suche nach Steinen, die Geschichten erzählen, genauso viel Spaß hattet wie ich, und würde mich freuen, wenn ich euch einen tieferen Einblick in diese bunte Stadt ermöglichen konnte!

Vielleicht erstaunt es euch, dass ich Gaudís wunderschöner Kirche, der Sagrada Familia, kein Kapitel gewidmet habe? Das hätte ich gern, nur hätte ich nicht gewusst, wo anfangen. Über dieses unglaubliche Bauwerk könnte ich ein ganzes Buch schreiben – das haben aber auch schon viele andere getan. Bei fast 137 Jahren Bauzeit erstaunt es nicht, dass es viele, viele Steine gibt, die hier etwas zu erzählen haben. So hätte die Sagrada Familia entweder den Rahmen des Geschichtenmosaiks gesprengt oder aber ich wäre ihr mit nur einer Geschichte nicht gerecht geworden.

Einige der hier gesammelten Erzählungen sind Legenden, oft geht es um Wesen, die im Reich der Mythen angesiedelt sind. Selbst bei Personen, die wirklich existiert haben, vermischen sich manchmal Wahrheit und Dichtung. Zusätzlich haben manche der von mir gelesenen Quellen einander widersprochen oder waren sehr voreingenommen. Aus diesen Gründen kann und will ich keinen Exaktheitsanspruch erheben. Fakten habe ich so genau wie möglich recherchiert, aber ich lasse mich gern berichtigen, wenn sich doch ein Fehlerteufel eingeschlichen haben sollte. Und von Legenden habe ich euch immer diejenige der Varianten aufgeschrieben, die mir persönlich am Besten gefällt. Fragt ihr jemand anderen, so erzählt er vielleicht manches anders.

Ich freue mich sehr, dass ihr mir zugehört habt! Hört nie auf zu entdecken und bleibt neugierig in jeder Stadt, die ihr besucht. Tragt eure eigenen Mosaike zusammen – ich wünsche euch viel Spaß dabei!

Danksagung

Zuerst möchte ich meinem Mann Christian danken! Du hast mich von Anfang an zum Schreiben des Geschichtenmosaiks ermutigt und in vielen Lesestunden geduldig mit mir zusammen an Formulierungen und Inhalt gefeilt. Außerdem warst du mir eine riesige Stütze bei der Erstellung der Website zum Buch, www.geschichtenmosaik.de, genauso wie bei gestalterischen Fragen.

Als nächstes geht ein großes Dankeschön an Ute, Ulrike und Kathrin: Ohne eure scharfen Augen als Korrektur-Leserinnen wäre ich aufgeschmissen gewesen! Ich danke euch für die unglaublich gründliche Fehlersuche und stilistische Unterstützung sowie für die Ideen bei der Bilderwahl.

Meiner guten Freundin und ehemaligen Kollegin Simona danke ich herzlich für ihren professionellen Blick auf den Inhalt des Buches sowie die eine oder andere Ergänzung: Deine Hilfe war unbezahlbar!

Und, last but definitely not least, gilt mein Dank allen lieben Menschen aus meiner Familie und meinem Freundeskreis, die von der Idee des Buches überzeugt waren und mir immer wieder ihre offenen Augen und Ohren geliehen haben!

Ohne euch alle wäre dieses Buch vermutlich noch lange weiter in meinem Kopf herumgegeistert, aber vielleicht nie Realität geworden – danke!

Literaturverzeichnis

Bei der Recherche für meine Arbeit als Stadtführerin und damit auch für das „Geschichtenmosaik“ waren mir viele sehr unterschiedliche Quellen eine große Hilfe. Interessante, spannende, lustige und traurige Informationen fand ich unter anderem in diesen Werken:

Agustí Belart, David: *Historia breve de Cataluña*, 1997

Ajuntament de Barcelona: *Ruta del Modernismo*, 2005

Bahamón, Alejandro & Losantos, Àgata: *Atlas histórico de arquitectura*, 2007

Berenberg, Heinrich: *Barcelona, Avantgarde im Norden des Südens*, 2011

Caballero, José Luis: *Els secrets dels barris de Barcelona*, 2011

Cirici, Alexandre: *Barcelona pam a pam*, 1972

Eaude, Michael: *Barcelona, the City That Reinvented Itself*, 2006

Espinàs, Josep M.: *Alguns carrers antics de Barcelona*, 1978

Falcones, Ildefonso: *Die Kathedrale des Meeres*, 2007

Gilot, Françoise & Lake, Carlton: *Life With Picasso*, 1964

Hughes, Robert: *Barcelona*, 1992

Izquierdo, David: *Curiosas historias de Barcelona*, 2014

Katalog – München: *Antoni Gaudí (1852-1926)*, 1986

La Vanguardia: *Barcelona, una ciudad de vanguardia – Gaudí y el modernismo*, 2006

Messa, Roser & Brocal, Pep: *Anecdotario de Barcelona*, 2016

Miret, Núria: *1002 curiositats de Barcelona*, 2015

Montaner, Josep Maria; Navarro, Pepe & Aparici, Isabel: *Barcelona – espais singulars*, 2016

Orwell, George: *Homage to Catalonia*, 1938

Querol Piera, Jordi: *Barcelona. Lugares con anécdota*, 2007

Santos, Imma & Vàzquez, Aureli: *La Barcelona invisible*, 2012

Simonis, Damien: *Lonely Planet Barcelona*, 2009

Sobrequés i Callicó, Jaume: *Historia de Cataluña*, 2007

Suárez, Silvia & Magriñà, Ana Priscila: *1001 curiosidades de Barcelona*, 2011

Theros, Xavier: *Barcelona a cau d'orella*, 2013

Tóibín, Colm: *Homage to Barcelona*, 1992

Vila-Sanjuán, Sergio & Doria, Sergi: *Walks through literary Barcelona*, 2005

Außerdem zog ich viel Inspiration und sehr schöne Geschichten aus der fantastischen Webseite www.barcelonarutas.com

PS: Ich bin euch zu Kapitel 18 noch einen Tipp schuldig...

Um das Fenster des FC Barcelona in der Kirche Santa Maria del Mar zu finden, geht durch das Hauptportal (mit den Bastaixos auf der Tür) hinein. Geht den rechten Gang entlang Richtung Altar, bis zu den halbkreisförmig aufgestellten Säulen der Apsis. Dort seht ihr die Statue der Heiligen Maria des Meeres. Schaut euch von hier aus die Fenster der linken Außenwand an. Es gibt immer eine untere und eine obere Reihe. In der unteren Reihe befindet sich ein nicht so recht zu den anderen passendes, sehr modernes blaues Fenster. Das Fenster darüber ist grün im Grundton und mit klassischen, symmetrischen Bleiverglasungen. In diesem befindet sich das Wappen: in der mittleren Reihe, im untersten Feld! Von manchen Perspektiven aus ist es vom Scheinwerfer verdeckt, so klein ist es... Viel Spaß bei der Suche!

Karten

Hier findet ihr schematische Karten der Viertel, in denen das Geschichtenmosaik (hauptsächlich) spielt. Alle in den Kapiteln erwähnten Orte besitzen einen individuellen Code, der aus der Kombination zweier Buchstaben von (AA) bis (EH) besteht. Dieser bietet eine grobe Orientierungshilfe, wo in etwa der genannte Ort liegt. Ihr findet den Code in den Listen der Orte am Ende der jeweiligen Kapitel. Für genauere Karten, die auf jedes Kapitel einzeln eingehen, sowie Links zu den exakten Positionen schaut bitte auf der Webseite www.geschichtenmosaik.de unter „Wegweiser für die Kapitel".

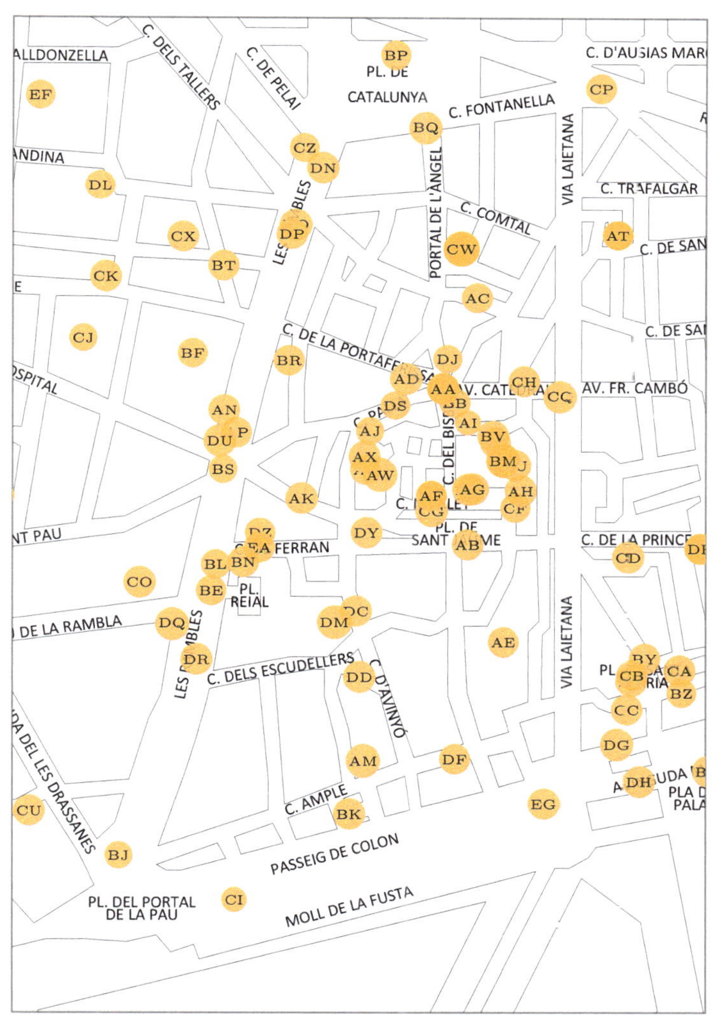

El Barri Gòtic – „Machen wir ein Gotisches Viertel“

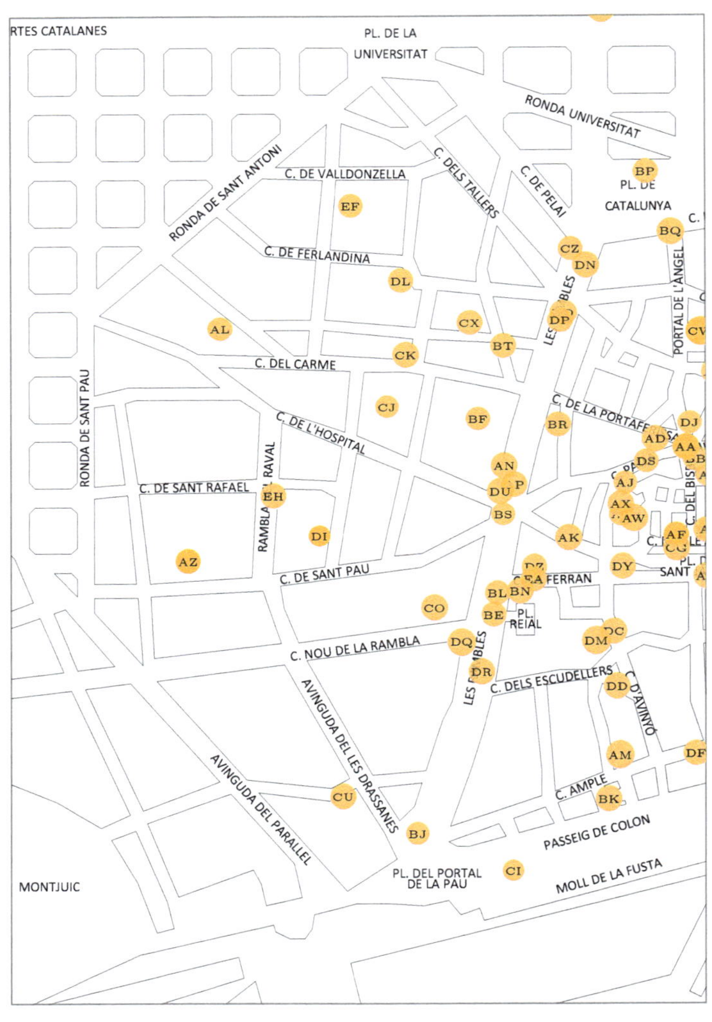

El Raval – Die verrufene Vorstadt

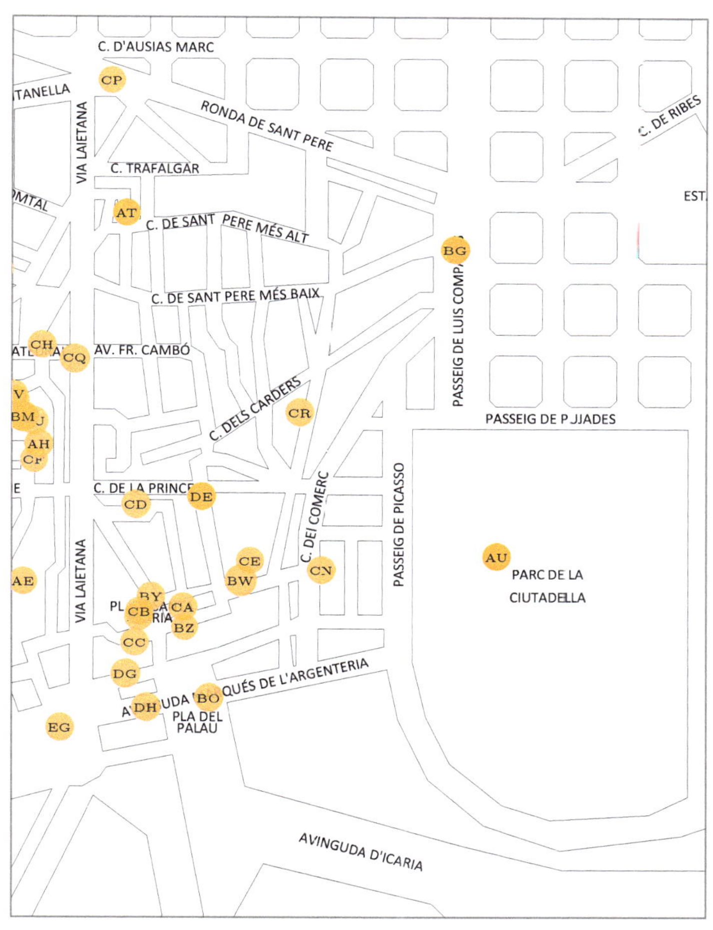

La Ribera – Ein Uferviertel im Wandel

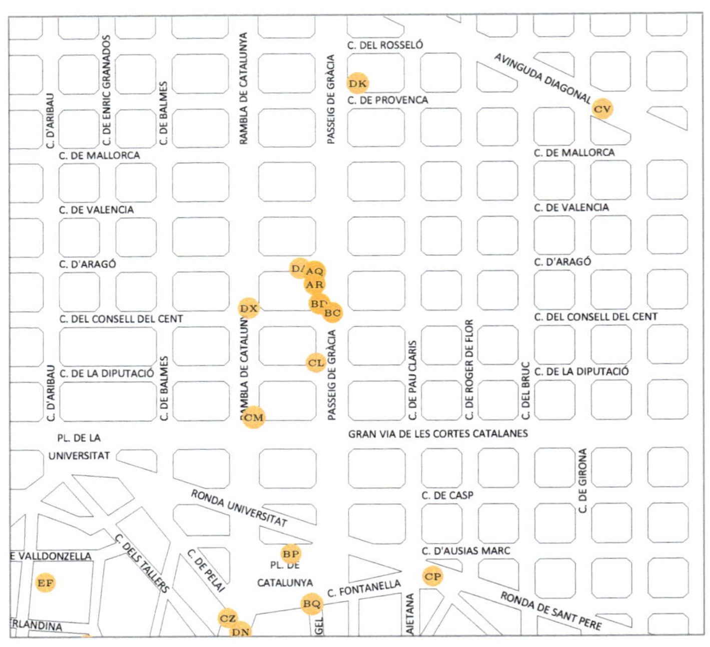

L'Eixample – Erweiterung in Richtung Moderne